# 갓 결혼한 여자의 재테크

# 갓 결혼한
# 여자의
# 재테크

구채희 지음

매일경제신문사

# 나는 이 남자와 결혼하기로 했다

"채희야 나랑 결혼해줄래?"

2015년 12월 31일, 서울 야경이 훤히 보이는 종각의 한 레스토랑에서 나는 꿈에 그리던 프로포즈를 받았다. 생각지도 못한 이벤트였다. 사귄 지 6개월도 안 된 사이였고, 만나는 내내 단 한 번도 결혼에 대해 진지하게 이야기한 적이 없었다. 평소 말수는 적지만 말 한마디도 허투루 내뱉는 법이 없던 그였다. 그런 그가 지금 내 앞에서 꽃다발과 목걸이, 손편지를 내밀며 프로포즈를 하는 것이 아닌가.

모든 것이 완벽했다. 오랜 연인들이 결혼을 앞두고 관행처럼 하는 프로포즈에 별 감흥을 느끼지 못하는 나였다. 거창한 이벤트 대신 밥 먹다가 뜬금없이 프로포즈를 받으면 좋겠다고 생각했었는데, 남자친구 역시 그러한 로망이 있었다고 했다. 그렇다. 우리는 그

때까지만 해도 천생연분이었다.

2016년 10월 15일, 선선한 바람이 볼을 적시던 날, 우리는 마침내 부부가 되었다. 프로포즈를 받고 결혼하기까지 10개월 넘게 걸렸다. 순수하게 연애를 한 시간보다 결혼을 준비하는 시간이 훨씬 더 길었던 셈이다. 이 과정에서 나는 생각지도 못한 난관에 부딪히며 마음 곳곳에 상처를 입었다. 친구들에게 침 튀겨가며 자랑했던 깜짝 프로포즈는 시간이 흐를수록 깜짝 놀랄만한 일들로 돌아왔다. 때때로 프로포즈를 승낙한 그 순간을 후회했다. 왜 많은 연인들이 사귀면서 자연스럽게 결혼 이야기를 꺼내고, 서로에 대해 깊이 탐색하는지도 알게 되었다.

갈등의 씨앗은 돈에서부터 시작됐다. 상견례를 마친 뒤, 나는 본격적으로 결혼준비에 필요한 자금을 계획했다. 남자친구를 만나기 전 1억 원의 전세 사기를 당했던 나는 당시 결혼 자금이 그리 넉넉지 못했다. 반대로 남자친구는 직장생활을 하며 3,000만 원을 모았지만 이 중 1,500만 원은 친구 2명에게 빌려준 뒤 몇 년째 돌려받지 못하는 상황이었다. 설상가상, 시댁에서도 당장 결혼 자금에 보태줄 수 있는 현금 자산이 얼마 없었다. 결국 친정 부모님께 손을 벌려야 했다.

여러 친구들의 순탄한 결혼 과정을 지켜봐 왔던 나는 막연히 결혼하면 시댁에서 어느 정도 도와줄 것이라 기대했다. 그땐 그게 당연

갓 결혼한 여자의 재테크

한 줄 알았다. 신랑 역시 아들 가진 부모들이 대부분 그러하듯 자신이 결혼하면 부모님이 선뜻 목돈을 내어줄 것으로 착각하고 있었다. 결혼이라는 핑크빛 환상 속에서 막연한 미래를 꿈꾸던 우리는 곧 냉혹한 현실과 마주해야 했다. 모든 것이 막막했다. 결혼은 하고 싶지만 경제적으로 자립하지 못한 두 사람에게 어쩌면 당연한 결과가 아니었나 싶다.

결혼을 준비하면 할수록 자존심 상하는 일들이 하나둘 늘어났다. 학창시절 나보다 공부 못했던 친구, 나보다 안 좋은 직장에 다니는 친구, 외모며 집안이며 특별할 것 하나 없는 친구들도 비교적 여유 있게 결혼하는 모습을 보면서 속이 쓰렸다. 심지어 지방에 사는 한 친구는 결혼할 때 시댁에서 1억 원밖에 도와주지 않았다고 푸념하며 할 말을 잃게 만들었다. 당시 나보다 경제적으로 어려운 친구들은 단 한 명도 없었다.

그런 친구들에게 내 사정을 구구절절 얘기하고 싶지 않았다. 가까운 친구일수록 돈 얘기를 꺼내기 어려운 법이다. 친정엄마에게도 섣불리 고민을 털어놓기 힘들었다. 남편과 시댁 이야기를 입 밖에 내면 문제가 해결되기는커녕 더 큰 걱정을 안겨줄 거란 사실을 알았기 때문이다.

이런 답답한 상황에 대해 누군가에게 툭 터놓고 조언을 얻고 싶었지만 마땅히 물어볼 사람이 없었다. 싱글 친구들과는 결혼을 주제

7

로 진한 공감대를 형성하기 힘들었고, 결혼 커뮤니티에서는 다들 스드메나, 혼수 준비, 시댁 뒷담화를 할 뿐 결혼을 준비하며 맞닥뜨릴 수 있는 경제적 문제에 대해서는 큰 관심을 두지 않았다. 시중에 나와 있는 결혼 관련 서적을 찾아보기도 했지만 대부분 '1,000만 원으로 결혼하기'와 같이 가성비 좋은 결혼준비 방법에 대해 다룰 뿐이었다.

상황이 답답해질 때마다 남자친구가 미워졌다. 그렇다고 화풀이만 해서는 아무것도 달라질 게 없었다. 현실을 바꿀 수 없다면, 지금 당장 할 수 있는 것부터 찾아야 했다. 한 가지 희망이라면, 냉혹한 현실을 마주한 덕분에, 결혼 후의 경제적 문제를 미리 대비할 수 있게 됐다는 점이다.

우리는 상황을 있는 그대로 인정하고 결핍을 발판 삼아 차근차근 준비하기 시작했다. 남자친구가 지인들에게 빌려준 돈을 회수하기 위해 둘이 머리를 맞대고 전략을 세웠다. 결혼비용을 줄이기 위해 예단을 생략하고 전셋집 마련에 돈을 보탰다. 혼수비용을 줄이고자 자취 때 쓰던 가구도 활용했다.

많은 예비신부들이 스드메 투어를 다닐 때 나는 남자친구와 가상 가계부를 썼다. 결혼 후 고정지출, 목표 저축액, 양가 경조사 비용, 아이가 태어나 외벌이가 됐을 때 필요한 자금 등 결혼 후 맞닥뜨릴 수 있는 경제적 이슈에 대해 끊임없이 대화를 나눴다. 지금보다 소득을 높이기 위해 할 수 있는 일과 집안일 분담, 양가 가족 행사와 관련해서도 미래의 상황을 가정해보고 의견을 조율했다.

남들보다 여유롭지 못한 환경에서 시작한 덕분에 우리는 결혼식 당일 1시간에 집중하기보다 앞으로 살아갈 50년을 대비하는 데 더 많은 에너지를 쏟을 수 있었다.

결혼준비로 치열했던 지난 10개월과 결혼 후 2년이 지난 지금, 나는 결혼 초 남편과 세웠던 계획대로 경제적 자립을 이뤄나가고 있다. 결혼 당시 두 사람이 모은 돈과 양가 부모님이 보태주신 돈, 축의금까지 모두 합해 우리 집 순자산은 1억 5,000만 원이었지만, 결혼 3년차가 된 지금 순자산은 4억 원을 넘어섰다. 누군가에게 적은 돈일 수 있지만 남들보다 부족하게 시작한 우리 부부에게는 꽤 의미 있는 숫자다.

그간 모은 자산을 보고 '부부가 고액연봉자가 아니겠느냐', '부모님이 많이 도와주셨겠지'라고 생각하는 사람들도 있겠지만 절반은 맞고 절반은 틀리다. 나는 대기업 증권사에 다니지만 매년 연봉협상을 해야 하는 전문계약직이고, 신랑은 공무원이다. 일반 직장인보다 평균 소득이 높은 것은 사실이지만 결코 근로소득만으로 자산을 불린 것은 아니다.

절약하고 저축함으로써 돈의 기초체력을 키웠을 뿐 아니라 소득을 늘리기 위해 이직을 감행했다. 나만의 강점을 활용하여 부수입

활동을 하고, 소액투자를 하며 작지만 꾸준한 수익도 내고 있다. 부동산 전문가는 아니지만 부지런히 임장을 다니며 투자가치가 있는 실거주용 아파트 한 채도 마련했다.

우리 부부가 짧은 기간에 돈을 모으고 불릴 수 있었던 이유는 단하나. 결혼준비 기간과 신혼을 허무하게 날리지 않고 계획적으로, 성실하게, 즐기며 보냈기 때문이다. 주위 친구들이나 선후배들이 하소연하는 경제적 문제도 가만히 들어보면, 결혼 전 경제적 자립에 대해 대화를 나누지 않았거나 신혼 초 경제적 목표 없이 어영부영 시간을 허비한 케이스가 많았다.

내가 소중히 여기는 그들에게 꼭 말해주고 싶었다. 신혼부부에게 가장 중요한 것은 스드메나 혼수준비가 아니라, 부부가 공동의 목표를 세우고 경제적으로 자립할 준비를 하면서 돈의 제약 없이 행복해지는 것이라고. 나 역시 결혼하고 보니 신혼을 어떻게 보내느냐에 따라 경제적 자립도가 달라진다는 점을 몸소 느껴왔다.

결혼을 앞둔, 혹은 이제 막 결혼한 나의 지인들에게 꼭 해주고 싶었던 조언을 이 책에 담았다. 지난 3년간 결혼 전후로 겪은 경제적 트러블과 해결법, 자산을 불린 과정을 솔직하게 풀어냈다. 나 역시 결혼한 지 만 3년이 되지 않은 새댁이기에 우리 부부가 경험한 것들이 결코 정답이라 할 수 없다. 그러나 우리와 비슷한 경제적 고민을 안고 시작하는 신혼부부들에게 조금이나마 힌트가 되었으면 하는 바람으로 글을 썼다.

누군가에게 물어보고 싶지만 부끄러워 주저했던 이야기, 자존심 때문에 친구에게 터놓지 못한 고민들, 걱정할까 봐 가족에게조차 꺼내지 못한 고민들을 이 책을 통해 조금이나마 해소하고 함께 공감했으면 한다.

내 이름으로 세상에 내놓는 두 번째 책이다. 당초 기획한 주제를 바꿔가면서까지 나의 의견을 적극 반영해준 매경출판 임경은 편집자에게 애정의 말을 전한다. 이번에도 남편 안중욱 씨가 많은 힘을 주었다. 숨기고 싶은 그때 그 시절 이야기를 와이프의 책을 위해 기꺼이 허락해준 그에게 감사하다. 자신감과 열정의 DNA를 물려주신 친정 부모님, 시월드라는 고유명사를 가족이라는 따뜻함으로 일깨워 준 시댁 식구들께도 감사드린다. 무엇보다, 태교에 집중해야 할 시기에 책을 쓰느라 신경을 못 써줬음에도 불구하고 뱃속에서 건강하게 자라준 '동키'에게 사랑한다고 전한다.

Just Married : Financial Planning

| PART 02 | 결혼 1년차,
지출 잡는 똑똑한 가계 운영법

# 결혼 전 이것만은
# 꼭 상의해야 한다

# 지금까지 모은 돈,
## 솔직하게 공개해야 할까?

 

신랑을 처음 만나던 날, 나는 백수였다. 좋게 포장하면 꿈을 좇는 취준생, 있는 그대로 표현하자면 모아둔 돈 없이 나이만 먹은 서른한 살 여자. 신랑과 만나기 불과 8개월 전, 살던 전셋집이 경매에 넘어가 집을 날리고, 그와의 소개팅을 일주일 앞두고 운명의 장난처럼 회사가 망했다. 주말에 당장 소개팅 약속을 잡아 놨는데 다짜고짜 연락해 "죄송한데요. 제가 신분이 바뀌었어요. 회사원에서 백수로요"라고 말할 수 없는 노릇 아닌가.

어차피 소개팅 10번에 한 번 정도 마음이 통할까 말까. '아직 회사원인 척 연기하면서 대충 시간이나 때우고 오자'는 마음으로 소개팅 자리에 나갔다. 그곳에서 평생의 짝을 만날 줄 누가 알았을까. 물론, 그날 신랑에게 호감을 품었던 나는 애초의 계획을 접고 "조만간 회사를 관두고 이직을 준비할 예정"이라고 에둘러 표현했다. 훗날 듣게 된 얘기지만, 당시 신랑은 내가 꿈을 위해 잘 다니던 회사를 관둔 열정 넘치는 여자인 줄 알았다고 한다.

그와 연인이 되면서 슬슬 고민이 시작됐다. 서른한 살 여자에게 보편적으로 요구되는 사회적 지위와 경제적 능력 어느 것 하나 내세울 만한 게 없었기 때문이다. 그때 수중에 있는 전 재산이 1,000만 원쯤 됐을까. 돈도 돈이지만 친한 친구에게도 털어놓고 싶지 않은 구구절절한 과거를 남자친구에게 고백한다는 것이 내키지 않았다. 돈 없는 것도 부끄러운데, 집을 날리고 회사가 망한 얘기까지 해야 한다는 것은 자존심이 허락하지 않았다. 게다가 우리는 미래를 약속한 사이도 아니었다. 나는 불확실한 관계를 핑계로 그에게 사적인 이야기를 하지 않았다.

그런데 이게 웬일인가. 마음의 준비도 못한 상황에서 갑자기 프로포즈를 받았다. 더 이상 숨길 수 없었다. 연애는 돈이 없어도 할 수 있지만, 결혼은 돈이 없으면 제약이 많은 게 현실이니까. 당시 나는 갓 회사에 재취업해 경제적으로 여유가 없었다. 마음만 먹으면 모은 자산을 뻥튀기 해 순간을 모면할 수도 있었지만 그러고 싶지 않았다. 그건 나에게 진심을 다한 그에 대한 예의가 아니었다.

역지사지라고 했던가. 어떤 결정을 내리기에 앞서 깊이 고민될 때 상대방의 입장이 되어보면 의외로 쉽게 답이 나온다. 만약 남자친구가 이 같은 상황에서 거짓말을 하고 추후 내가 사실을 알게 된다면 어떨까? 돈이 없다는 사실보다 나를 속였다는 사실에 배신감을 느낄 것 같았다. 언젠가 알게 될 일이라면 하루라도 빨리 나의 경제적 상황을 솔직하게 알리고, 무언가를 기대했을지도 모를 그에게 재선택의 기회를 줘야 한다고 생각했다.

마음은 굳혔지만 고백하기까지는 며칠이 더 걸렸다. 어쩐지 입이 잘 떨어지지 않았다. 콩닥거리는 가슴을 부여잡고 그에게 지금 내가 처한 상황과 모아둔 자산, 그리고 가정상황에 대해 털어놓았다. 죄인마냥 그의 대답을 기다리던 그때, 그는 특유의 사람 좋은 웃음으로 내게 안도감을 주었다. 그는 진정 멋진 남자였다.

## 예상치 못한 돈 문제, 채무

그 역시 모은 돈은 많지 않았다. 대학교 3학년 때 공무원 시험에 합격한 뒤, 학자금대출을 받아 학비와 용돈을 충당했기 때문에 직장생활과 동시에 빚을 갚아나갔다. 약 3,000만 원의 종잣돈이 통장에 쌓여 있었다. 생각보다 큰 금액은 아니었지만 부모님께 손 벌리지 않고 스스로 자립한 30대 초반 직장인인 것을 감안할 때 그는 누구보다도 성실한 사람이었다.

문제는 의외의 곳에서 터졌다. 양가 상견례를 마친 뒤 결혼준비를 시작하는데 그가 모았다던 3,000만 원 중 1,500만 원의 행방이 묘연했다. 정확한 예산을 파악해야 형편껏 결혼준비를 하는데 돈 얘기를 꺼낼 때마다 그의 표정이 뭔가 석연치 않았다. 우물쭈물하는 그를 추궁한 결과, 몇 년 전 급전이 필요한 지인 두 명에게 각각 1,000만 원과 500만 원을 빌려준 뒤 돌려받지 못하고 있는 상황임을 알게 됐다. 결혼을 앞두고 발등에 불이 떨어진 남자친구는 즉각적인 상환을 요구했지만 그들은 당장 갚을 형편이 아니었다. 언제든 자신이 원하면 돈을 돌려받을 수 있을 거라고 생각했던 그는 속이 시커멓게 타들어 갔다. 한두 달 혼자서 끙끙 앓다가 더 이상 숨길 수 없어 고백한 것이었다.

망치로 머리를 한 대 얻어맞은 것 같았다. 나도 돈이 없는데 그마저 돈이 없다! 미리 말해주지 않은 그에게 괘씸한 마음이 들었지만 뒤늦게라도 알게 됐으니 머리를 맞대고 해결방법을 찾을 수밖에 없었다. 그날부터 나는 최악의 경우를 가정해 결혼준비 예산을 최소한으로 줄이기 시작했다. 어떻게 하면 돈을 받아낼 수 있을까 몇 날 며칠 머리를 굴렸다.

그는 채무자들에게 모질지 못했다. 돈을 갚는다고 해놓고 번번이 약속을 어기는 그들에게 큰소리 한 번 내지 않았다. 그런 그에게 나는 '돈을 돌려받기 전까지 결혼을 늦추겠다'는 초강수를 뒀다. 그렇게라도 하지 않으면 영영 받지 못할 것 같았다. 만날 때마다 채무자

결혼 전 이것만은 꼭 상의해야 한다

들과의 전화통화를 요구했고, 문제의 지인이 소속된 모임에도 함께 따라 나갔다. 신랑 역시 힘들긴 마찬가지였다. 좋은 마음으로 빌려준 돈인데 이렇게 돌려받기가 힘들 줄 몰랐다고 종종 괴로운 마음을 토로했다.

결혼준비에 집중해도 모자랄 판에, 돈 때문에 다투는 날이 늘어갔다. 나는 고민 끝에 두 가지 선택지를 내밀었다. 지금 이 시점에서 1,500만 원을 깨끗이 포기하거나, 아니면 악착같이 받아내거나. 만약 포기한다면 나도 더 이상 미련 갖지 않고 지금 있는 돈으로 결혼준비를 하겠다고 했다.

예상대로 남자친구는 절대 그럴 수 없다며 펄쩍 뛰었다. 그날 이후 채무자들에게 더 적극적으로 상환을 요구했다. '돈을 받지 못하면 파혼 당할지 모른다'고 읍소하기를 수십 차례. 결혼식을 두 달여 앞두고 1,500만 원 가운데 1,100만 원을 겨우 돌려받았다. 나머지 400만 원은 결혼 후 매달 20만 원씩 쪼개어 받기로 했다.

두 사람이 각각 소유하고 있던 차량을 하나로 합치는 과정에서도 변수가 있었다. 결혼자금을 확보하기 위해 차량 한 대를 중고로 처분할 계획이었는데, 알고 보니 그의 차량은 온 가족이 조금씩 돈을 보태 마련한 것이었다. 온전히 그의 소유가 아니었기 때문에 우리 마음대로 팔 수 없었다. 사귀면서 단 한 번도 그의 차량이 아닐 것이라 생각해본 적 없었다. 남자친구는 가족들과 상의 끝에 차량을 아

갓 결혼한 여자의 재테크

버지께 드리기로 하고 대신 차 값으로 1,000만 원을 받았다. 당초 중고로 처분할 계획이던 내 차량은 그대로 쓰기로 했다.

결혼에 앞서 서로의 자산을 공개하는 과정에서도 이처럼 예상치 못한 변수가 계속해서 튀어나왔다. 내 사례가 조금 유별나다 생각할지 모르겠지만 현실은 그렇지 않다. 연인이 소유한 자동차 하나도 할부인지, 리스인지, 완납인지 여부에 따라 많게는 수천만 원의 빚이 따라온다. 주택을 소유하고 있어도 대출 비중이 얼마인지에 따라 효자가 되기도, 애물단지가 되기도 한다.

예비 배우자의 재산을 꼼꼼히 파악해 실익을 취하라는 말이 아니다. 서로의 재산을 정확히 알고 있어야 문제가 생겼을 때 두 사람이 힘을 합해 대응할 수 있고, 형편껏 결혼준비를 할 수 있으며, 정서적으로 안정된 상태에서 결혼생활을 시작할 수 있다. 최소 결혼식 3개월 전까지는 두 사람이 융통 가능한 현금이 얼마인지 공유해야 예산에 맞춰 결혼준비가 가능하다. 생각보다 예산이 부족하다면 결혼 규모를 줄이고, 양가에서 금전적 지원을 받는다면 정확히 얼마를, 언제, 어떤 방식으로 받을 것인지도 알아야 한다. 참고로 시댁론과 친정론은 다음 장에서 구체적으로 다룬다.

자동차 할부나 대출의 경우, 결혼 전에는 혼자 부담하는 비용일지 몰라도 결혼과 동시에 두 사람이 함께 갚아야 하는 돈이 된다. 혼수비용이 모자란다는 이유로 무턱대고 긁은 카드값도 마찬가지다. 반

결혼 전 이것만은 꼭 상의해야 한다

대로, 일찌감치 가입해 둔 청약이나 연금은 당장 결혼자금에 보탤 수 없는 금융자산이지만, 결혼 후 부부의 든든한 노후자산이 된다.

꿈 같은 신혼여행을 마치고 집으로 돌아왔는데 매달 생각지도 못한 배우자의 대출과 카드값이 쏟아져 나온다면 이보다 황당한 일이 어디 있을까. 왜 진작 얘기하지 않았느냐고 목소리를 높이기 전에, 자발적으로 각자의 재산상황을 공유하고 경제적으로 합칠 준비를 해야 한다. 비단 친구에게 빌려준 돈뿐 아니라, 자동차 할부나 대출, 가족 구성원이 함께 마련한 주택, 그리고 오랜 시간 묶여있는 자산이나 금융상품 등도 빠짐없이 알려야 한다. 그렇지 않으면 여기저기서 터져 나오는 문제를 막느라 '저축 황금기'인 신혼을 허무하게 날릴 수 있다.

나는 결혼준비 과정에서 이런 일들을 미리 겪었기 때문에 결혼 후에는 가정경제를 꾸리는 데 온전히 집중할 수 있었다. 당시엔 '남들은 잘만 가는 시집인데, 왜 나에게만 이런 시련이 생길까' 억울한 마음도 있었지만, 그럼에도 불구하고 상대에게 솔직했기에 서로에 대한 신뢰가 더 끈끈해졌다. 남편은 그 사건 이후 어느 누구와도 돈 거래를 하지 않으며, 나 역시 싱글 시절의 실수를 반복하지 않기 위해 열심히 가계부를 쓰고, 부지런히 투자하며, 우리 집 자산을 주도적으로 관리하고 있다.

상대가 실망할까 봐, 나의 허물을 드러내기 두려워 끙끙 앓다가 말할 타이밍을 놓치는 경우가 있다. 단언컨대, 결혼을 약속할 정도로 사랑하는 사이라면 돈 몇백, 몇천만 원 정도로 상대를 포기하지 않는다. 돈이 없다는 사실보다, 훗날 뒤통수를 치는 상대에게 배신감을 느껴 관계의 끈을 놓아버린다. 일찌감치 알렸다면 조금 실망하고 말았을 일을, 시간이 흘러 걷잡을 수 없는 지경까지 몰고 갈 수 있다.

　결혼과 연애는 엄연히 다르다. 연애는 마음 먹기에 따라 나의 좋은 면들만 보여줄 수 있지만, 결혼은 나의 허물까지 감싸줄 수 있는 사람을 만나 하나가 되는 과정이다. 상대에게 숨기고 싶은 작은 불씨가 결혼 후 의도치 않은 대형 화재로 번지지 않도록, 지금까지 모은 돈 솔직하게 공개하시기를.

# 친정론과 시댁론

결혼준비를 할 때 가장 큰 변수 중 하나가 돈 문제다. 특히 친정론 loan과 시댁론loan이 그렇다. '부모님의 지원을 얼마나 받을 것인가' 하는 문제는 결혼준비 규모는 물론이고, 부부가 얼마나 경제적으로 여유 있게 시작할 수 있는가를 결정짓는다. 현실적으로 사회생활 4~5년차 직장인이 부모의 도움 없이 모을 수 있는 돈은 몇천만 원 수준이다. 요즘처럼 빈부격차가 굳어진 사회에서, 이 돈만으로 결혼생활을 시작한다는 것은 많은 용기를 필요로 한다.

부모의 능력이 된다면 결혼할 때 경제적 지원을 받는 것은 큰 축복이다. 양가의 지원 없이 두 사람의 힘으로 시작하겠다는 패기는 박수칠 일이지만 꼭 그것만이 정답은 아니라고 생각한다. 부모 세대는 단칸방에서 신혼생활을 시작해도 열심히 일하고 저축하면 자산을 불릴 수 있었지만, 지금처럼 계층 이동이 힘든 사회에서 반지하 단칸방으로 시작해서는 아무리 노력해도 가난을 면키 어렵다. 출발선이 다르면 경제적 자유를 이루는 시간도 그만큼 늦어질 수밖에 없다.

문제는 본격적인 결혼준비에 들어가기 전까지 친정론과 시댁론을 구체적으로 가늠하기 어렵다는 점이다. 두 사람이 직장생활을 하며 모은 돈이야 당장 융통 가능한 현금이므로 그에 맞춰 예산을 세울 수 있다. 그러나 부모님이 자녀의 결혼을 앞두고 얼마를, 어떤 방식으로, 어느 시점에 지원해줄 것인가 하는 문제는 다소 예민하다.

부모 자식 간이라도 공개적으로 돈 얘기를 하는 것은 껄끄럽다. 부모라고 해서 무조건 자녀에게 경제적 지원을 해야 할 의무도 없거니와, 대출을 낀 무리한 지원은 그만큼 부모의 노후준비를 늦춘다는 사실을 자식도 잘 알기 때문이다. 그래서 부모님께 대놓고 '얼마를 지원해주실 수 있느냐'고 당당하게 묻지 못한다. 막연히 눈치만 보면서 '1억 원은 해주시겠지', '어느 정도 모아 놓으셨겠지' 하고 희망적인 미래를 그린다. 그러다 막상 기대보다 경제적 지원이 적거나 없으면 부모님 혹은 예비 배우자와 갈등을 겪는 것이다.

그나마 여자들은 상황이 낫다. 평소 친정엄마와 대화를 많이 하기 때문에 자연스럽게 부모님의 경제 사정에 대해 꿰고 있거나 지원금에 대해서도 대략 파악하고 있다. 그에 맞춰 스스로 결혼비용을 모은다. '누울 자리를 보고 발을 뻗는다'는 얘기다. 나 역시 결혼 전 엄마와 오랜 시간 많은 대화를 나누면서 대략적인 지원금을 파악하고 마음의 준비를 했었다.

반면, 남자들은 상황이 좀 복잡하다. 아직까지 한국 사회에서 결혼비용 부담은 남자 쪽이 훨씬 크다. 한 통계에 따르면 신랑신부의 결혼비용 분담률은 6.5 대 3.5 수준으로, 남성들은 1억 7,000만 원, 여성들은 9,200만 원 정도를 쓴다. 이런 현실에서 30대 초중반 남성이 혼자 모은 돈으로 신혼집을 마련한다는 것은 사실상 불가능하다. 남성보다 사회생활이 빠른 여성들도 기껏 모아봐야 몇천만 원인데 남성들은 오죽할까. 부모님의 지원 없이는, 고액 연봉자가 아니고서는, 결혼 전 1억 원 모으기도 빠듯한 게 현실이다.

게다가 남자들은 대체적으로 부모님과 대화가 많지 않다. 밖에선 활발하고 사교적인 남자들도 부모님과 나누는 깊은 대화를 어색해한다. 그렇다 보니 부모님의 경제사정에 대해 제대로 파악할 기회가 상대적으로 적다.

우리 남편 역시 부모님께 처음 결혼하겠다고 말씀드렸을 때 예상보다 적은 지원금 때문에 남모를 속앓이를 했다. 집안 사정이 넉넉하지 않다는 것은 알고 있었지만, 먼저 결혼한 지인들을 보며 막연히 '우리 부모님도 1억 원 정도는 해주시겠지', '아들 결혼하는 데 준비는 하셨겠지'라고 생각했다고 한다. 당시 시댁에서 융통 가능한 현금은 3,000만 원 정도였는데, 그 동안 부모님의 경제사정에 대해 무지했던 그는 크게 놀람과 동시에 낙담했다. 단 한 번도 부모님과 결혼에 대해 진지하게 대화해본 적이 없었으니 더욱 그랬을 것이다.

부모님 입장에서도 아쉽긴 마찬가지였다. 당시 30대 초반이었던 아들이 이렇게 빨리 장가갈 것이란 생각을 못하셨다고 한다. 첫째 딸이 결혼한 지 불과 몇 개월도 안 지난 시점이었다. 게다가 당시 자산 대부분이 부동산에 묶여 있었다. 노후를 담보로 한 집 한 채를 아들의 결혼 때문에 처분할 수도 없는 노릇 아닌가. 당연히 융통 가능한 현금이 적을 수밖에 없었다. 결국 우리 부부는 당초의 기대를 접고 양가의 지원금과 부부가 모은 돈을 합해 예산을 다시 세워야 했다.

이는 비단 우리 부부만의 사례는 아니다. 주위를 보면 결혼준비를 하면서 양가 지원금 때문에 갈등을 겪는 예비부부가 의외로 많다. 예비신랑 말만 믿고 신혼집을 알아보러 다니다가 예상보다 부모님의 지원금이 적어 임대차계약을 파기한 경우도 봤고, 한 지인은 부모님이 처분하려던 부동산이 팔리지 않아 결혼식 날짜를 늦췄다. 한 고향친구는 시댁이 꽤 부유한 집안이었음에도 불구하고 신혼 때 일절 지원을 받지 못했다가 결혼한 지 2년이 지나서야 3억 원이라는 목돈을 받기도 했다.

이처럼 친정론과 시댁론은 부부의 예상을 뛰어넘는다. 복불복이다. 따라서 결혼하기로 마음 먹었다면 예비부부가 모은 돈을 제외하고도, 양가의 지원금을 구체적으로 파악해두는 게 좋다. 양가에 무리한 지원을 부탁하라는 것이 아니다. 가급적 일찌감치 파악해 효율적으로 계획을 세우라는 의미다. 양가의 지원 가능 여부, 지원금 규모, 지원 방법(현금, 부동산, 금융상품 등), 지원 시점 등을 알아야 그에 맞춰 예산을 세우고 경제적 수준에 맞게 신혼집과 혼수품을 마련할 수 있다. 단, 이 과정에서 부모의 무리한 경제적 지원은 결국 자녀세대의 부담으로 되돌아온다는 사실을 알아야 한다.

여자들이 결혼할 때 가장 예민하게 받아들이는 부분이 '시댁에서 얼마를 지원해주느냐'다. 남편은 내가 고를 수 있지만 집안은 고를 수 없다. 집안이 좋아도 결혼할 때 많이 지원해준다는 보장도 없다. 그렇다 보니 시댁의 지원금 규모는 곧 성공적인 결혼의 시작으로 평가 받는다.

시댁이 능력만 된다면 감사히 받으면 된다. 그만큼 경제적 여유가 있거나 결혼 시작부터 아들 내외가 경제적 어려움을 겪지 않기 바라서다. 감사한 만큼 자주 찾아 뵙고 잘 사는 모습을 보이며 효도하면 된다.

문제는 시댁에서 예상만큼 지원해주지 못했을 때다. 냉정하게 시댁에서 많은 돈을 지원해줄 의무는 없다. 아들 가진 부모라고 해서 다들 몇억씩 척척 내어줄 정도의 재력을 소유한 것은 아니다. 그 아들이 싱글 시절 부모님께 따박따박 큰 용돈을 드리던 효자일 리도 없다. 그런데도 시댁의 지원이 적다는 이유로 예비신랑과 갈등을 빚거나 결혼 자체를 다시 고려하는 여자들이 꽤 많다. 평소엔 그렇게 남녀평등을 외치면서 결혼 앞에서는 왜 조선시대 사고를 버리지 못할까?

모 웨딩 커뮤니티에 올라온 이야기다. 결혼을 앞둔 한 예비신부가 시댁으로부터 3억 원을 지원받기로 했다. 두 사람 모두 직장생활을 한 지 오래되지 않아 시부모의 경제적 지원은 큰 힘이 됐다고 한다. 이에 맞춰 신혼집을 보러 다니고 예단을 준비했는데, 갑자기 시댁에 사정이 생겨 지원금이 1억 원 이상 줄어들게 되었다. 여유로운 신혼생활을 꿈꾸던 그녀는 크게 절망했다. 이후 예비신랑과 크고 작은 트러블은 겪은 그녀는 결혼을 물려야 하는 것 아닐까 고민하고 있었다. 지원금이 줄어든 만큼, 신혼집 평수를 줄이거나 결혼식을 최소화하려는 생각은 없어 보였다. 친정에 도움을 요청할 수도 없다고 했다. 부모님의 노후를 생각하면 경제적 부담을 줄 수 없다는 게 이유였다. 그러나 제3자인 내가 봤을 때, 아들 둔 부모는 경제적 지원이 '필수'이고 딸을 둔 부모는 경제적 지원이 '선택'이라는 그녀의 마인드가 모순처럼 느껴졌다. 친정 부모님은 노후가 걱정돼 손을 벌리지 않으면서, 2억 원을 지원하는 시부모님께 실망하는 상황이 이해되지 않았다. 잘못이 있다면 무려 2억 원을 지원해준 시댁에 있는 것이 아니라, 모은 돈 없이 결혼을 강행한 예비부부 두 사람에게 있는 게 아닐까?

만약 '남자니까 당연히 집을 해와야 한다'는 생각을 갖고 있다면 '여자니까 집안일과 육아를 책임지고 시댁의 행사까지 도맡아야 한다'는 낡은 논리에도 수긍해야 한다. 그러나 이 불합리한 논리에 수긍할 여자는 나를 포함해 단 한 명도 없을 것이다. 세상이 변했다. 여자들의 의식수준이 달라졌고 맞벌이를 하는 부부들이 태반이다. 가부장제 하에서 남편에게 경제적으로 의존해야 했던 엄마 세대와 지금의 우리 세대는 엄연히 다르다. 양가의 지원금이 얼마가 됐든, 결혼하는 순간 부부는 집안일을 분담하고 공동 육아를 하며 가족의 행사를 함께 살핀다.

여자 쪽에서 더 많은 결혼자금을 부담하는 사례도 많아지고 있다. 우리 부부의 경우 시댁보다 친정에서 더 많은 경제적 지원을 해준 케이스다. 나도 사람인지라, 처음엔 예상보다 적은 시댁 지원금 때문에 속상했던 게 사실이다. 신랑 역시 결혼준비 내내 풀이 죽어 있었고 돈 얘기만 나오면 내 눈치를 봤다. 그런 모습을 보며 마음이 많이 아팠다. 다행히 친정에서 전세금 마련에 보태라며 종잣돈을 건네주셨다. 나중에 알게 된 사실이지만, 지원금 일부에는 대출이 포함되어 있었다. 그럼에도 불구하고 딸이 고생스럽게 살까 싶어 기꺼이 마음을 내어주신 것이다.

냉정하게 따져보면, 우리 부부는 시댁에서 넉넉히 지원받은 신혼부부들보다 출발선이 늦을 수밖에 없었다. 두 사람이 모은 돈도 많지 않아 더욱 그랬다. 그렇다고 경제적 자립마저 늦출 순 없었기에 남자는 '집', 여자는 '혼수'라는 공식부터 깼다. 부족한 예산에 맞춰 예단을 생략했고, 예물은 다이아몬드 반지 없이 몇십만 원짜리 커플링 하나로 대체했다. 양가 부모님이 보태주신 소중한 돈은 모두 신혼집 마련에 보탰다.

사람 마음이란 게 참 간사하다. 결혼 당시만 해도 친정 부모님에 대한 미안함, 시댁에 대한 서운함이 공존했지만, 결혼 후에는 남편보다 더 많은 결혼비용을 부담했다는 사실이 내 마음을 한결 여유롭게 만들었다. 우리 집 경제권에 당당한 발언권을 갖게 되었고, 집안일도 가족 행사도 남편과 역할분담을 명확히 할 수 있었다.

시댁에 가서도 시어머니의 말 한마디 행동 하나에 신경을 곤두세우지 않게 됐다. 시어머니는 며느리에게 필요 이상의 역할을 요구하지 않는 합리적인 분이었고 나를 대하는 태도도 늘 한결 같았다. 바뀐 건 내 마음이었다. 누가 시킨 것도 아닌데 '설거지는 언제 해야 할까' 눈치를 본다거나, 가벼운 질책 한마디에 '어떤 의도로 말씀하신 걸까?', '내가 미워서 그런 걸까?' 예민하게 받아들이지 않게 됐다. 칭찬은 감사히 받고 조언은 마음에 새긴다. 보고 듣는 그대로 믿을 뿐이다. 조금 유치하지만, 남편보다 부족하지 않게 결혼비용을 부담했다는 사실이 내 마음에 한결 여유를 준 것이라 생각한다. 일개 며느리인 나도 이러한데, 결혼할 때 아들 내외에게 거액의 지원을 한 부모들의 마음은 오죽할까. 본전 생각이 안 난다면 거짓말이다. 지원금이 클수록 바라는 것이 많아지고 부부 또한 그 이상 해드려야 한다는 부담감이 따를 수밖에 없다.

결혼을 준비하다 보면 시댁론과 친정론이 팽팽하게 맞선다. 아직까지 사회 분위기는 남자 쪽에서 더 많은 비용을 부담하는 게 현실이지만 이는 어디까지나 평균치일 뿐이다. 시댁에서 지원해주신다면 감사히 받고 그렇지 않다면 겸허히 현실을 받아들이고 부부의 페이스대로 결혼준비를 하자. 친정에서 여유가 된다면 예단 대신 집값에 보태고 실속을 챙기는 것도 적극 권한다. 여자로서의 삶이 한결 당당해진다.

친정론과 시댁론. 같은 상황에서도 누군가는 현실을 인정하고 결핍을 발판 삼아 성장의 동력으로 삼고, 또 다른 누군가는 타인과 비교하며 평생의 동반자에게 비수를 꽂는다. 당신은 어떤 선택을 할 것인가?

# 결혼준비,
# 선택과 집중이 필요하다


여자에게 결혼준비란 기쁨과 고통을 수반한 인생의 빅이벤트다. 살면서 이토록 짧은 시간에 큰돈을 쏟아붓는 경험도 처음이거니와, 매 순간 선택의 기로에서 중심을 잡기가 여간 어려운 게 아니다. 평생에 단 한 번뿐인 결혼식을 남부럽지 않게 준비하고 싶은 마음은 간절하지만 한정된 예산을 생각하면 현실을 외면할 수도 없다. 실속을 챙기자니 주위의 시선이 의식되고, 1시간짜리 결혼식에 올인하자니 결혼 후가 걱정된다. 도대체 어떤 기준을 세우고 결혼준비를 해야 하는 걸까?

나 또한 한창 결혼준비를 할 때 과소비의 유혹에서 벗어나기 힘들었다. 태어나 처음 맛보는 돈 쓰는 재미, 공주놀이 하는 즐거움에 푹 빠져버렸다. 결혼자금에 여유가 있는 편이 아니었기 때문에 머리로는 늘 '자제해야 한다'고 몇 번씩 되뇌었지만 마음은 따라주지 않았다. 결혼을 한 지금에야 고가의 혼수보다 내 집 한 채가 훨씬 가치 있다고 생각하지만, 당시에는 결혼식 날 새하얀 드레스를 입고 스포트라이트를 받을 내 모습에만 관심이 쏠렸다. 게다가 모든 지출에는 '결혼준비'라는 명분이 있었다. 나는 스스로를 합리화하며 몇 날 며칠 고가의 혼수와 스드메(스튜디오+드레스+메이크업)를 기웃거렸다.

그러나 설렘을 안고 시작한 결혼준비는 시간이 흐를수록 스트레스로 다가왔다. 마음에 드는 것은 비쌌고, 저렴한 건 눈에 차지 않았다. 내가 예쁘다고 느끼는 건 남들 눈에도 그러했고 당연히 비쌌다. 왜 같은 여행인데도 '신혼'이라는 두 글자가 붙으면 가격이 배가 되는지, 같은 사람과 같은 공간에서 찍는 사진인데도 '웨딩'을 컨셉으로 하면 가격이 뛰는지 짜증스러웠지만, 그렇다고 그들이 제시하는 고가의 서비스를 딱 잘라 거절하기도 어려웠다. 어느 업체를 가든 늘 우리의 예산보다 한두 단계 높은 등급의 서비스를 먼저 보여줬는데, 상술인지 알면서도 다른 신부들보다 뒤처지기 싫다는 미묘한 감정이 일어 지갑을 열고 싶은 충동을 느꼈다.

그러나 이런 식으로는 어떤 결정도 할 수 없었다. 스스로 기준을 잡지 못한 상태에서 감정에 휘둘려 지출하면 두고두고 후회할 것이 뻔했다. 남편과 나는 오랜 대화 끝에, 당초 세웠던 예산을 초과하지 않는 선에서 우리가 가장 가치 있게 생각하는 분야에 비용과 에너지를 집중하기로 했다. 남들의 시선을 의식하며 모든 항목에서 '평균 이상'을 선택하는 것보다 우리가 진짜 좋아하는 한 가지에 예산의 70%를 쓰기로 한 것이다.

결혼준비 3대 키워드가 스드메, 예식장, 신혼여행이다. 우리는 이 중 스드메 패키지와 예식장 관련 지출을 500만 원으로 최소화하는 대신 9박 11일간의 유럽 신혼여행에 1,000만 원을 쏟아부었다. 결코 적은 돈은 아니었지만, 평소 여행을 좋아하는 두 사람에게는 1시간짜리 결혼식보다 평생의 추억과 경험을 남기는 신혼여행이 더 큰 만족감을 주었다. 신혼여행에 힘을 주기로 하자 나머지 지출에서도 평정심을 찾고 큰 욕심을 부리지 않게 되었다.

혼수 준비를 할 때도 '비싼 신혼여행'을 핑계 삼아 지출 강약조절에 들어갔다. 부모님과 함께 사는 남편과 달리 나는 8년 넘게 타지에서 자취를 했기 때문에 재활용할 수 있는 살림살이가 꽤 많았다. 결혼하면 꼭 바꾸고 싶었던 냉장고와 에어컨, 침대는 마음에 드는 것으로 사되, 청소기, 전자렌지, 책장과 서랍장 등 상태가 좋은 가전 가구는 쓰던 제품을 그대로 활용했다. 결혼 전 각각 한 대씩 소유했던 자동차도 결혼과 동시에 한 대로 줄이고 결혼자금 1,000만 원을 추가로 확보했다.

결혼하면 혼수품은 물론, 작은 소품 하나까지 새 것으로 바꾸고 싶은 유혹을 뿌리치기 힘들다. 한 번 높아진 눈높이는 좀처럼 낮아

결혼 전 이것만은 꼭 상의해야 한다

지지 않는다. 이럴수록 자신이 원하는 것, 자신이 추구하는 가치에 따라 지출에 우선순위를 두고 선택과 집중을 해야 한다. 힘을 줄 때는 확실하게 주고, 힘을 뺄 때는 미련 없이 지출을 줄이며 완급조절을 하는 것이다. 이 과정에서 부부가 타협점을 찾아야 한다.

모든 결정 하나하나에 과도한 시간을 들이는 것도 경계해야 한다. 예비부부들이 흔히 하는 실수 중의 하나가 돈을 아끼기 위해 시간의 가치를 전혀 고려하지 않는 것이다. 나 역시 결혼 자금이 부족하다는 생각 때문에 처음엔 모든 결정에 시간과 공을 들였다. 그런데 몇 날 며칠 고민하고 인터넷을 뒤져도 직접 매장을 방문하면 마음이 바뀌거나 다른 제품이 눈에 들어오기 일쑤였다. 하나를 선택해야 그다음 단계로 넘어갈 수 있는데, 한 번 찾아온 결정장애는 좀처럼 떠나지 않았다. 시간은 흐르고 마음은 조급해지는데, 그렇다고 심사숙고해 결정한 것들이 100% 마음에 드는 것도 아니었다.

예식장 한 곳을 정하기 위해 한 달 넘게 예식장 투어에 나서고, 스드메나 혼수품 또한 오랜 시간을 투자해 결정하는 예비신부들이 의외로 많다. 후기를 꼼꼼히 체크하는 것은 현명한 소비의 일환이지만, 지나치게 많은 정보는 오히려 결정에 방해가 된다. 특히 직장인 커플이 결혼준비를 하려면 평일 저녁과 주말을 활용할 수밖에 없는데, 비용 몇 푼 아끼자고 매번 지나치게 많은 시간을 들여 결정하는 것이 효율적인지 한 번쯤 생각해볼 일이다.

결혼준비는 매 순간 선택의 연속이다. 때로는 빠른 결정이 시간을 아껴준다. 정말 중요한 한두 가지 선택사항을 제외하고는 최대한 정해진 시간 내에 선택하는 결단력이 필요하다. 아낀 시간으로 결혼 후 두 사람이 살아갈 미래를 그려보며 인생의 전반적인 계획을 세워보는 게 훨씬 가치 있는 일이 아닐까?

## 고가의 혼수품이 2년 뒤 헐값 되는 이유

많은 예비부부들이 혼수품을 마련할 때 비싸더라도 최고급 사양을 선호한다. 10년 이상 오래 쓸 제품이기도 하고, 향후 아이가 생길 것을 고려하여 이왕이면 좋은 거, 비싼 거, 기능이 많은 제품을 선호한다. 결론부터 얘기하자면, 결혼과 동시에 내 집 마련이 가능한 신혼부부라면 처음부터 집의 크기와 분위기, 부부의 취향에 맞춰 가전가구를 좋은 것으로 마련해도 된다. 그러나 첫 신혼집을 전·월세로 시작하는 부부라면 혼수품 마련에도 신중할 필요가 있다. 신혼집 임대차 계약이 끝나는 2년 뒤, 새 거주지로 이사할 때 애물단지로 전락하는 혼수품이 한두 가지가 아니기 때문이다.

임대차 계약 기간을 2년 더 연장하거나 비슷한 평수로 이사한다면 그나마 상황이 낫다. 그러나 주택 평형대가 달라지거나 그 사이 가족구성원 수가 늘어날 경우 이에 맞는 가전가구를 또 다시 사야 하는 일이 생긴다. 2년간 부부의 생활습관이나 거주패턴에 따라 선호하는 가전가구도 달라진다. 결혼 당시 오래 쓸 생각으로 고가의 제품을 샀다 해도 마찬가지다.

나의 경우 신혼 초 24평짜리 반전세 오피스텔에 거주하다, 2년 뒤 비슷한 평수의 소형 아파트로 이사했다. 평수가 늘어난 것도, 아이가 생긴 것도 아니었는데도 이사를 앞두고 처치곤란인 가전가구가 한둘이 아니었다. 일단 평수는 같았지만 방의 구조가 투룸에서 쓰리룸으로 바뀌었다. 당연히 거실 사이즈가 확 줄었다. 기존 신혼집 거실 사이즈에 맞춰 구입했던 3~4인용 소파는 애물단지가 되었고, 냉장고 역시 새집의 주방공간을 과하게 차지해 어쩔 수 없이 중고로 처분해야 했다.

비교적 합리적인 가격으로 구입했던 직수형 정수기는 입주 후 아예 설치가 불가했다. 주방 상판이 천연 대리석에 가까워 시공 중 깨질 수 있다는 안내를 받았다. 상판이 파손될 위험을 감수하면서까지 정수기를 들일 수 없다고 판단하여 울며 겨자 먹기로 정가의 40%도 안 되는 가격에 내놔야 했다. 에어컨 이전설치비는 40만 원에 달했고, 2년간 사용했던 음식물건조기도 음식물분쇄기로 교체하면서 중고행이 결정됐다. 이 모든 것이 결혼 전에는 한 번도 생각해본 적 없는 변수였다.

이사를 하든, 내 집 마련을 하든, 주거환경이 바뀌면 사람은 누구

갓 결혼한 여자의 재테크

나 자신의 취향대로 집을 새롭게 꾸미고 싶은 욕심이 생긴다. 따라서 혼수를 마련할 때는 현 주거지에서의 거주 기간과 이사 가능성을 고려해 두고두고 쓸 수 있는 제품은 좋은 것으로, 향후 처분할 가능성이 있는 아이템은 중고로 구입하거나 싱글 때 사용했던 제품을 최대한 활용하는 것을 권한다.

　수많은 재테크 책에서 결혼준비 비용을 최소화하라고 조언한다. 허례허식보다는 실속을 챙겨 남들보다 빠르게 경제적으로 자립하라는 의미다. 그러나 나는 생각이 조금 다르다. 일생에 한 번뿐인 결혼식과 신혼여행, 혼수는 부부에게 잊지 못할 추억과 경험을 선물하는 귀한 이벤트다. 두 사람이 진짜 좋아하는 것, 간절히 원하는 것이라면 비용이 들더라도 투자할 가치가 있다고 생각한다. 우리처럼 신혼여행에 목돈을 쓸 수도 있고, 화려한 예식을 꿈꿀 수도 있다. 가전가구만큼은 좋은 것으로 사야 한다고 생각할 수도 있다. 다만, 이 과정에서 지출에 강약을 주며 이상과 현실의 균형을 맞춰야 한다.
　한 번뿐인 결혼식, 무조건 아끼는 것이 능사가 아니다. 같은 비용이라도 두 사람의 기억에 두고두고 남는 소비가 되도록 선택과 집중을 하자. 물론, 나는 다시 결혼해도 신혼여행에 올인할 생각이다.

# 배우자의 취미활동,
# 부부만의 룰 만들기

　결혼한 지 6개월도 안 된 친구 A는 요새 들어 집돌이가 된 배우자 때문에 머리가 아프다. 연애 때는 이곳저곳을 여행하며 함께 시간을 보내던 남자가 결혼한 후로는 주말이면 방 안에 틀어박혀 게임만 한다는 것이다. 종종 새벽 1~2시까지 게임을 하는 남편 때문에 몇 번이나 언성을 높여야 했다. 신혼 초 남편과 달콤한 주말 데이트를 꿈꿨던 A는 크게 실망했다. 게임을 좋아한다는 건 알고 있었지만 이 정도일 줄은 몰랐다며 결혼하더니 이기적으로 변했다고 분노했다.

　내 기억을 더듬어봐도, 그녀의 남편은 연애 시절부터 게임을 즐기는 사람이었다. 친구도 그러한 사실을 잘 알고 있었다. 다만 연애 때는 데이트 후 집으로 돌아와 자신의 취미생활을 자유롭게 즐길 수 있었기에 그에 따른 트러블이 크지 않았다. 그러나 결혼 후 두 사람이 함께 살면서 상대의 취미생활이 부부간 싸움의 불씨가 된 것이다.

많은 사람들이 배우자가 즐기는 취미생활이나 여가활동을 미리 파악하지만 '결혼하면 철이 든다', '결혼하면 바뀔 것이다'라는 근거 없는 희망으로 문제를 키우는 경우가 많다. 그러다 결혼 후 조금도 변하지 않은, 혹은 그보다 심해진 배우자를 보면서 절망한다. 사람은 쉽게 변하지 않는다. 아무리 사랑하는 사람과 결혼하더라도 취미생활을 포기하고 싶은 사람은 한 명도 없을 것이다. 설사 포기한다 해도, 최소한의 자유가 없는 결혼생활은 권태감과 무기력함에 마주할 수밖에 없다.

그렇다고 싱글 때 누리던 모든 여가활동을 결혼해서 똑같이 영위할 순 없다. 가장 현명한 대안은 결혼 후에도 서로가 좋아하는 한두 가지 활동을 인정해주되, 부부만의 규칙을 만들어 개인의 자유와 가정의 충실함 사이에서 균형을 맞추는 것이다. 게임, 낚시, 수집, 야구, 종교활동, 러닝 등 뭐든 좋다. 여가활동 횟수와 시간대, 소요시간 등 구체적인 룰을 정하는 게 먼저다.

예를 들어, 남편의 취미가 낚시라면 월 1회 낚시를 허락하는 대신 아내 역시 한 달에 한 번 자유시간을 가질 수 있다. 이때 두 사람의 취미활동에 드는 제반비용을 공동생활비로 충당할 것인지, 각자의 용돈에서 각출할 것인지, 생활비와 용돈 두 가지를 적절히 분배할 것인지 정한다. 낚시는 보통 1박 이상 소요되는 경우가 많으므로 향후 아이가 생겼을 때 낚시여행 빈도를 어떻게 조절할 것인지, 또 이에 따른 배우자의 독박육아는 어떻게 보상할 것인지 구체적인 가이드라인을 만든다.

헬스, 러닝, 배드민턴 등 운동을 좋아한다면 출근 전 시간을 이용하거나, 점심시간, 퇴근 후 1시간을 활용해 가정생활에 크게 방해되지 않는 선에서 활동하는 것도 대안이 될 수 있다. 어린 자녀가 있는 경우, 퇴근 후 부부가 함께 육아를 하고 아이가 잠든 밤 9~10시 이후 운동할 시간을 확보하는 것도 방법이다.

중요한 것은 나의 취미활동으로 인해 배우자가 소외되거나 일방적인 희생을 감내하지 않도록 세심하게 배려하는 일이다. 결혼 후에도 내가 좋아하는 활동을 고수한다는 것은 그에 따른 제반비용이 꾸준하게 들어간다는 의미다. 게다가 부부가 함께 하는 활동이 아니라면 그 시간에 배우자가 방치되거나 집안일, 육아 등을 혼자 떠안게 된다. 이러한 가능성을 염두에 두고, 자신의 취미활동에 대한 가이드라인을 배우자에게 이해시켜야 한다.

나의 경우, 반려견이었다. 독립하던 해부터 8년째 키워온 반려동물을 결혼과 동시에 타인에게 맡길 순 없었다. 작은 치와와 한 마리를 가족으로 받아들인 순간부터 그가 생을 다할 때까지 책임지겠다고 마음먹었기 때문이다. 고향에 계신 친정엄마께서 '결혼하면 대신 키워주겠다'고 얘기하셨지만 애초부터 그럴 생각이 없었기에 딱 잘라 거절했다.

결혼 후에도 반려동물을 계속 키운다는 것은 두 가지 이슈를 포함한다. 첫째, 경제적인 문제다. 반려견을 키우려면 매달 사료와 간식, 영양제 등 고정비용이 든다. 반려견이 나이 들어감에 따라 생각지 못한 병원비 지출도 늘어난다. 결혼 전에는 내가 번 돈으로 돌보면 그만이지만, 결혼 후에는 부부의 소득이 공동자산이 되므로 반려견 지출비용은 배우자의 동의가 반드시 필요하다. 당시 반려동물 케어비용으로 매달 평균 5만 원 정도를 썼다.

두 번째, 아이와 함께 키울 수 있는지 여부다. 피임을 하지 않는 이상 결혼을 하면 언제든 아이가 태어날 수 있다. 평소 강아지를 좋아했던 사람도 자녀가 태어나면 아토피, 알레르기 등을 이유로 키우는 것을 반대하곤 한다. 실제로 결혼 전 반려동물을 키우다 결혼 후 배우자의 반대로 지인이나 가족에게 위탁하거나 심한 경우 유기하기도 한다. 그런 일은 상상만으로도 끔찍했다.

다행히 신랑은 동물을 사랑하는 사람이었고 내 의견에 흔쾌히 동의해주었다. 결혼 후 반려견을 키움으로써 발생할 수 있는 여러 변수와 경제적 부담도 함께 지기로 약속했다. 지금은 남편이 나보다 더 반려견을 아끼고 예뻐한다. 우리 집 작고 귀여운 댕댕이를 씻기고 먹이고 산책하는 대부분의 일을 도맡아 한다. 당연한 권리가 아닌, 남편의 배려임을 항상 잊지 않는다. 감사한 일이 아닐 수 없다.

나와 달리 남편의 여가활동은 크게 특별할 것이 없다. 겨울이 되면 보드를 타는 것, 더운 여름이면 수영을 하는 것이 유일한 취미라면 취미였다. 보통의 남자들처럼 해외 축구를 좋아하고 야구에도 열광하지만 가정에 소홀할 정도로 빠지는 일은 없었기 때문에, 내가 아는 그의 취미활동은 수영과 보드뿐이다. 그리고 이 두 가지 활동에는 돈, 시간 그리고 에너지가 든다. 부부가 함께 취미생활을 즐긴다면 가장 좋겠지만 현실적으로 취향이 꼭 일치할 순 없다. 그러나 내가 사랑하는 사람이라면, 최소한 함께 배워보려는 시도는 해볼 만한 가치가 있다.

나는 평소 수영을 즐기지 않는다. 튜브에 의지해 물 위에 둥둥 떠다니는 것은 좋아하지만 바다나 계곡에서 수영하는 건 다리에 쥐가 날 정도로 긴장하고 무서워한다. 그래서 처음엔 남편 혼자 수영장에 보냈다. 1시간 정도 수영을 하고 돌아오는 남편의 얼굴에 생기가 넘쳐났다. 일주일의 피로를 말끔히 씻어내는 듯했다. 그런 그를 보면서 나도 수영을 해보고 싶다는 호기심이 일었다. '한 번 해보고 정 맞지 않으면 그만두지 뭐' 하는 가벼운 마음으로 남편을 따라 나선 게 몇 개월 전이다.

처음엔 더위를 싹 가시게 하는 물의 시원함이 좋더니, 차츰 수영에도 재미가 붙기 시작했다. 내가 수영에 관심을 보이자 남편도 신이 나 열심히 영법을 가르쳐주었다. 겨우 물 위에 떠 있던 내가 지금은 평영과 배영을 제법 한다. 임신 후 가장 즐겁게 한 운동도 수영이다. 남편의 취미생활에 관심을 갖고 함께 배워 보기로 시도했을 뿐인데, 결과적으로 내게 새로운 취미생활이 생기고 덩달아 체력도 좋아졌다. 두 사람이 공유하는 관심사가 한 가지 더 늘면서 깊은 공감대도 형성됐다.

반면, 보드는 몇 번을 타도 나랑 맞지 않는다. 보드를 잘 타는 남편과 달리 겁이 많은 나는 보드를 타면 몸이 경직돼 자주 넘어지고 며칠간 근육통에 시달린다. 초보인 나를 신경 쓰느라 신랑이 제대로 즐기지 못하는 것도 마음에 걸린다. 그래서 보드를 탈 땐 신랑 혼자 또는 그의 친구들과 당일치기로 스키장에 다녀오도록 자유시간을 준다. 보통 새벽 첫 셔틀버스를 타고 스키장에 갔다가 당일 오후에 돌아오는 일정이다. 부부가 동반하지 않는 한, 1박 이상의 일정은 되도록 갖지 않는다.

일단 보드와 수영은 취미활동인 동시에 체력을 증진시키는 운동이기 때문에 생활비 중 '자기계발' 항목에서 지출하고 있다. 단, 지출액 규모는 차이가 있다. 수영은 부부가 함께 하는 배우는 운동인데다 비용부담이 크지 않아 생활비에서 전액 충당한다. 반면, 보드는 남편 혼자 즐기는 여가활동이기 때문에 '생활비 7 : 개인용돈 3'의 비율로 지출을 조절한다.

예를 들어, 당일치기 스키장 경비가 10만 원이라면 리프트권과 보

결혼 전 이것만은 꼭 상의해야 한다

드대여권은 생활비로 충당하고, 스키장에서 쓰는 밥값과 간식값은 신랑 용돈으로 해결한다. 배우자의 취미생활을 존중하되, 그 활동에 들이는 비용과 시간에 따라 생활비 지출에 차등을 두는 것이다. 이는 남편이 자발적으로 제시한 대안이기도 하다. 처음엔 혼자 스키장에 가는 것이 미안해 자신의 용돈으로 쓰겠다고 했지만, 배우자의 여가활동에 힘을 보태준다는 의미로 생활비 일부를 지원하는 쪽으로 합의했다. 대신 부부가 함께 스키장에 갈 경우엔 100% 생활비로 충당한다.

곧 아이가 태어나면 당장 두 사람의 여가활동에 제약이 따르겠지만, 주말에 부부가 돌아가며 아이를 돌보며 최소한의 자유시간을 확보할 생각이다. 아이가 어느 정도 크면 남편이 아이를 데리고 다니며 수영과 보드를 가르칠 계획도 야심 차게 세워두었다.

우리는 행복해지기 위해 사랑하는 사람과 결혼한다. 그러나 결혼했다는 이유로, 내가 좋아하는 여가활동과 취미생활을 모두 포기해야 한다면 반쪽짜리 행복에 불과할지 모른다. 돈 들고 시간 드는 여가활동이 나쁜 것이 아니라, 부부간의 합의 없이, 가족에 대한 배려 없이 혼자 여가활동을 즐기는 이기적인 태도가 나쁜 것이다. '결혼을 했으니 희생은 당연하다'는 잣대를 들이대기 전에, 나와 결혼을 함으로써 배우자가 더 행복할 수 있도록 그와 그녀의 여가활동을 지지하고 존중해주는 건 어떨까.

# 부자 부부 예행연습,
# 가상가계부 써보기


연애할 때는 연인의 화끈한 씀씀이가 매력적으로 느껴진다. 나를 위해 선뜻 지갑을 연다는 것은 그만큼 많이 사랑하기 때문이고, 돈에 인색하면 상대에게 나는 딱 그 정도의 사람일 뿐이라고 단정한다. 실제로 싱글 남녀를 대상으로 한 설문조사에서도 커플 대부분은 연인의 돈 씀씀이가 자신에 대한 사랑의 크기와 어느 정도 비례한다고 응답했다.

연애시절 남편은 지갑을 활짝 여는 사람이었다. 한 달 데이트 비용으로만 100만 원 이상을 썼다. 당시 백수였던 내가 소득이 없어서이기도 했지만, 딱히 경제관념도 없었기 때문에 돈 쓰는 데 주저함이 없었다. 대부분의 연인들이 그러하듯 데이트에는 늘 외식과 나들이가 빠지지 않았고, 별로 한 것도 없는데 하루 10만 원은 우습게

결혼 전 이것만은 꼭 상의해야 한다

나갔다.

당시 일주일에 2~3번 정도 데이트를 했으니 아마 남편은 나와 만나는 1년 동안 월급의 30% 이상을 데이트 비용에 썼을 것이다. 그때는 그게 과소비인 줄도 모르고 나를 배려하는 그가 고맙고 든든했다. 이렇게 쓸 수 있는 것도 능력이라면서, 나를 정말 많이 사랑하는 것 같다면서.

그러나 결혼날짜를 잡고 조금씩 생각이 바뀌었다. 남들보다 여유롭지 못한 상태에서 결혼을 준비해야 하는데 한 달에 100만 원 이상 데이트에 쓴다는 것은 분명 과했다. 지금처럼 화끈한 씀씀이가 결혼 후에도 이어진다면 저축은커녕 마이너스를 면치 못할 게 뻔했다.

그러나 30년 넘게 다른 환경에서 살아온 우리가 결혼 후 얼마를 모으고 쓰게 될지는 도통 감이 안 잡혔다. 부모님과 함께 살아온 남편은 주거비나 공과금에 대한 개념이 없었고, 수년간 자취생활을 했던 나는 대략적인 주거비와 생활비는 알고 있었지만 어디까지나 1인 가구 기준이었다. 어렴풋이, 지금처럼 펑펑 쓰는 게 정상은 아닐 것이라 생각할 뿐이었다.

이런 의문에 해답을 찾고자 가상가계부를 썼다. 실제 쓴 비용을 기록하는 진짜 가계부가 아니라, 결혼했다고 가정한 뒤 두 사람의 소득 안에서 적정 생활비와 저축액을 가늠해보는 가상가계부다. 더도 말고 덜도 말고, 딱 하루면 된다.

가상가계부를 쓰려면 부부의 한 달 소득을 정확히 알아야 한다. 그래야 가계부를 쓰는 의미가 있고, 제대로 시작할 수 있다. 의외로 자신의 월급이 정확히 얼마인지 모르는 예비부부들이 적지 않다. 계약서에 쓰인 내 연봉 말고, 세금을 뗀 후 실제로 통장에 찍히는 월급을 파악한 뒤 두 사람의 총 소득이 얼마인지 확인하자.

| 2단계 | 1인 기준 생활비 내역 써보기

현재 두 사람이 각자 지출하고 있는 항목들을 자유롭게 써본다. 계절마다 옷도 한 벌씩 사야 하고, 친구들과의 모임도 있고, 부모님 용돈도 챙겨드리지 않나. 보험료도 내고 있고, 때때로 여행도 떠난다. 이런 비용들을 빠짐없이 나열한 뒤 두 사람의 한 달 지출 총합을 적어두자. 아마 쓰다 보면 생각보다 많은 비용에 놀랄 것이다. 부부 합산소득이 500만 원이어도 두 사람이 한 달간 쓰는 지출만 300만 원이 훌쩍 넘을 수도 있다. 그러나 이 과정을 통해 서로의 소비습관을 구체적으로 파악할 수 있을 뿐 아니라, 각자 어떤 항목에 특히 많은 돈을 쓰는지 알 수 있다.

| 3단계 | 결혼 후 새롭게 늘어나는 항목 체크하기

결혼을 하면 싱글 때보다 돈 쓸 곳이 더 늘어난다. 조절하기에 따

라 총 지출액은 줄일 수 있어도, 지출 항목 자체는 늘어난다. 대출이자, 보험료, 양가 경조사비, 세금, 임신·출산 비용 등이 대표적이다.

만약 두 사람의 대출액이 1억 원이라면, 신용등급 2~3등급을 기준으로 대출금리를 보수적으로 책정한다. 1억 원 대출에 금리 4%라면 연간 460만 원, 월 40만 원 가량이 이자로 나간다. 이 비용을 주거비용에 함께 포함시킨다. 신혼집 주거형태나 크기에 따라 관리비와 공과금도 대략적으로 잡아둔다.

결혼과 동시에 보험 등 금융상품이 늘어나기도 한다. 남편의 경우, 결혼 전까지 보험이라곤 실비 하나뿐이었다. 한 집안의 가장이된 후, 남편이 사망했을 때를 대비해 종신보험이 필요했고 이 비용은 고스란히 생활비에 추가됐다. 본격적인 노후준비를 위해 부족한 개인연금을 추가로 납부할 수도 있다. 이러한 변수를 고려해 각종 금융상품 납입액도 별도로 책정하자.

결혼하면 으레 경조사비도 늘어난다. 싱글 때 부모님께 용돈을 드리지 않았던 사람도 결혼 후에는 양가에 함께 용돈을 드리거나 가족 행사에 비용을 보태는 경우가 적지 않다. 게다가 싱글 때는 본인의 지인들 경조사만 챙기면 됐지만, 결혼 후에는 배우자의 지인 경조사비까지 부담해야 한다. 직업의 특성상 경조사비가 유난히 많이 나가는 직군도 있다. 이러한 특성을 감안해 예비 배우자에게 미리 공유할 필요가 있다.

앞서 두 사람의 월 소득과 생활비 내역, 그리고 결혼 후 새롭게 추가되는 항목별 예산을 적어 놓았다. 이제는 목표 저축액을 정할 차례다. 생각보다 지출이 많아 도저히 얼마를 저축해야 할지 모르겠다면 일단 부부 소득의 50%를 목표로 하자. 부부 합산소득 500만 원이라면 1차 목표 저축액은 250만 원이다. 아이가 없는 맞벌이 신혼부부라면 욕심을 내어 최대 70%까지 맞춰도 좋다.

목표 저축액을 정해도 생각보다 생활비 지출이 많아 당장은 목표 달성이 요원해 보일 것이다. 소득이 넉넉한 부부가 아니라면 보통 '부부 합산소득 - 목표 저축액 - 예상 생활비 = 마이너스'가 정상이다. 예를 들어 부부의 월 소득은 500만 원이고 목표 저축액은 소득의 50%인 250만 원이다. 그러나 두 사람의 현 소비습관을 토대로 한 예상 생활비는 350만 원에 달한다. 저축률을 맞추기 위해서는 무려 100만 원을 줄여야 한다. 2~3단계에서 나열했던 생활비 가운데 최대한 비용을 줄일 수 있는 항목을 찾아 그만큼 저축을 늘려야 한다.

가장 먼저 품위유지비, 외식비, 여가비 등 변동지출 항목에서 예산을 조금씩 줄여본다. 부부가 마음 먹기에 따라 충분히 줄일 수 있는 부분이므로 양보하려는 마음이 필요하다. 예를 들어, 식비와 외식비를 70만 원으로 잡았다면 집에서 밥을 해 먹는 대신 50만 원으로 줄이고, 품위유지비가 30만 원이라면 부부가 격월로 돌아가며 소비하는 것으로 합의해 20만 원으로 줄일 수도 있다.

싱글 때 두 사람이 공통적으로 지출한 항목은 하나로 통합하고 비용을 줄인다. 예를 들어, 두 사람 모두 자취를 하며 관리비로 각각 10만 원씩 부담하고 있다면, 결혼 후에는 관리비를 하나로 합하고 비용도 20만 원에서 15만 원으로 줄인다.

어차피 결혼 전이기 때문에 완벽한 가계부 작성은 힘들다. 그러나 부부가 함께 예상 소득과 생활비, 저축액을 가늠해보는 것만으로 결혼 후 닥칠 경제적 문제에 대해 미리 대비할 수 있다. 결혼 후 돈 쓸 곳이 많다는 현실을 알게 되기 때문에 무리한 결혼준비로 돈을 낭비하지 않게 되고, 목표한 대로 저축할 수 있다.

결혼 후 마주할 상황이라면 조금이라도 협상력이 있을 때, 의욕이 최고조에 달했을 때 미리 파악하고 계획을 세우는 편이 낫다. 이렇게 가상가계부를 써도 실전에서는 온갖 시행착오를 겪기 마련이다. 하물며 아무런 준비도 없이 '둘이 버니까 괜찮겠지', '적당히 즐기며 살아야지'라는 생각으로 가정을 꾸린다면 그만큼 자산을 불리는 속도는 뒤처질 수밖에 없다. 현재 두 사람의 데이트 비용과 각자가 매달 지출하는 생활비를 토대로 가상가계부를 써보자. 이미 부자가 되는 첫 걸음을 뗀 것이나 마찬가지다.

# 비장의 카드,
# 축의금 활용법

    축의금은 결혼식 당일 최종 정산을 하기까지 정확한 액수를 예측하기 어렵다. 결혼식 규모나 하객 인원, 식대 비용에 따라 적게는 수백만 원에서 많게는 수천만 원에 달하기 때문이다. 그래서 보통 신혼부부들은 축의금을 일종의 보너스로 생각하는 경향이 있다. 내가 아는 한 지인은 결혼식 당일 축의금으로 당초 계획보다 호화스러운 신혼여행을 다녀왔고, 또 다른 지인은 폐백 당시 어른들께 받은 용돈이 생각보다 많아 해외에서 명품백을 구입하는 데 보태 쓰기도 했다. 기대치 못한 현금이 한꺼번에 생기니까 그간 돈 때문에 주저했던 일에 과소비가 일어난 것이다. 꿈 같은 신혼여행에서 돌아온 후에야 '그 많던 축의금이 다 어디 갔지?' 하는 뒤늦은 후회가 밀려온다.

어차피 써야 할 돈인데 축의금 좀 쓰는 게 뭐 그리 대수냐고 반문할 수 있다. 그러나 생각해보면 축의금은 일종의 품앗이 개념이다. 내가 받은 축의금만큼 결혼 후 가족과 지인들의 경조사에 참여해 돌려줘야 할 일종의 '빚'이다. 동시에, 수년에 걸쳐 부담해야 할 경조사비를 미리 당겨 받은 것이므로 신혼 초 자산을 불리는 강력한 무기이자 기회가 된다. 같은 돈이라도 소액을 여러 차례 쪼개 받으면 돈이 잘 모이지 않지만, 목돈으로 받으면 돈이 잘 불어나는 이치다. 게다가 축의금은 부담해야 할 이자가 없고, 시간이 흘러 화폐가치가 떨어져도 웬만해서는 자신이 받은 축의금 액수 그대로 돌려준다. '저축 황금기'라 불리는 신혼 초, 이보다 더 좋은 기회가 있을까?

가장 좋은 축의금 활용법은 '처음부터 없는 돈'으로 분류해놓는 것이다. 신혼여행 경비는 부부가 합의하에 미리 예산을 정해놓고, 얼마가 될지 모르는 축의금은 받는 즉시 전액 대출금을 상환하는 데 활용하거나 예비비(비상금)로 빼둔다. 이렇게만 관리해도 1,000만 원 이상 절감 효과가 있다.

우리 부부의 결혼식 당일 축의금은 양가 식대와 부모님 몫을 제외하고 약 3,000만 원 수준이었다. 수중에 들어온 축의금은 결혼식이 끝난 후 계좌에 모두 입금했다. 1차적으로 도난의 위험을 방지하기 위해서였고, 2차적으로는 행여 마음이 바뀌어 신혼여행지에서 펑펑 써버리게 될까 봐 두려웠기 때문이다. 당시 우리는 보증금 2억

2,000만 원의 반전세 오피스텔을 신혼집으로 구했는데, 그중 1억 원이 대출이었다. 축의금 가운데 2,000만 원은 즉시 대출을 갚는 데 썼다. 대출금이 1억 원에서 8,000만 원으로 줄어들자 매달 부담해야 할 대출이자도 함께 줄었다. 생활에 한결 여유가 생기고 마음이 가벼워졌다.

나머지 1,000만 원은 비상금으로 떼어 놓았다. 신혼 초에는 부부가 예상한 것보다 생활비가 많이 든다. 결혼준비 당시 결제했던 카드대금이 쏟아져 나오기도 하고 가족과 지인들에게 선물하거나 식사를 대접하는 일이 잦아 경조사비 지출도 꽤 된다. 그래서 보통 신혼 3개월까지는 저축하기가 힘들다. 이때 축의금 일부를 미리 비상금으로 마련해두면 비상시 유연하게 대처할 수 있을 뿐 아니라, 신혼 초 카드값을 메우느라 급급하지 않고 계획한 대로 가계를 꾸릴 수 있다. 나 역시 축의금을 비상금 통장에 넣어둔 덕분에 결혼 첫 달부터 바로 저축을 시작할 수 있었다.

축의금의 일부를 서로의 간섭 없이 쓸 수 있는 쌈짓돈으로 활용하는 것도 방법이다. 부부가 100만~300만 원 정도를 나눠 갖고, 결혼 후 자유롭게 운용해보는 것이다. 결혼 초에는 양가 경조사비를 비롯한 가계 예산 기준이 정립되지 않을 시기라서 내 돈을 쓰더라도 배우자의 눈치가 보일 수 있다. 이때 내 몫의 쌈짓돈이 있으면 마음이 한결 여유롭다. 나 역시 부부의 축의금 가운데 100만 원을 남편에게

결혼 전 이것만은 꼭 상의해야 한다

쌈짓돈으로 줬는데, 그는 이 돈으로 소액투자를 하기도 하고 가끔 부족한 용돈을 충당하기도 한다. 아내에게 말하고 싶지 않은 자신만의 소소한 취미에도 돈을 쓰는 모양이다. 비록 큰돈은 아니지만 남편의 삶에 작게나마 숨통을 틔워 주는 것만은 확실해 보인다.

## | 축의금 정산 방식

축의금과 관련해 한 가지 주의할 점이 있다. 사전에 부모님과 축의금 정산 방식을 조율할 필요가 있다는 것이다. 굉장히 중요한 이슈임에도 불구하고 많은 부부들이 이를 간과한다.

한 결혼 커뮤니티에 축의금 관련 고민글이 올라왔다. 결혼식 당일 부모님께서 축의금 전부를 가져가셨는데 이후 돌려주지 않아 고민스럽다는 것이다. 부모님 손님이 낸 축의금이야 그렇다 치더라도, 사회생활을 하는 자녀 입장에서는 자신의 몫으로 들어온 축의금을 별도로 관리해야 할 필요성을 느낀다. 그러나 결혼 당시 부모님께 경제적 지원을 받은 상황이라 섣불리 말을 꺼내지 못하겠다는 것이다. 결혼식을 치르기 전 부모님과 축의금 정산 문제에 대해 한 번이라도 얘기를 나눴다면 좋았을 텐데, 이미 결혼식은 끝났고 뒤늦게 축의금을 돌려달라고 하기엔 부모님의 기분이 상할 수도 있다. 안타까웠다.

이처럼 축의금 정산 방식은 가족 문화에 따라, 부모님의 경제적

기여도에 따라 천차만별이다. 가정 형편에 따라 부모님이 축의금 전부를 가져가는 경우가 있고, 당일 식대를 제외한 모든 축의금을 자녀에게 주는 경우도 있다. 부모님과 자녀의 하객 수를 공평하게 계산한 뒤 식대를 제외한 비용을 나눠 갖는 집안도 있고, 그간 키워주신 은혜에 보답하는 마음으로 축의금 전부를 부모님께 드리는 부부도 있다. 그러나 축의금 사용처를 미리 정해둔 상황이라면 사전에 합의되지 않은 축의금 정산은 갈등의 씨앗이 될 수 있다.

우리 부부의 경우, 시댁은 당일 축의금으로 하객 식대를 계산한 뒤 남은 금액을 모두 주셨고, 친정은 식대 계산 후 남은 비용의 절반 정도를 건네셨다. 축의금 액수는 미리 가늠할 수 없었지만, 축의금 정산 방식은 사전에 부모님과 상의한 덕분에 별다른 고민 없이 축의금 사용처(대출상환, 비상금 활용)에 대한 계획을 세울 수 있었다.

축의금은 둘의 앞날을 축복하는 하객들의 진심이 가득 담긴 축하금인 동시에 부부의 새로운 자산이다. 이처럼 소중한 축의금이 의미 없이 흩어지지 않도록 미리 사용처를 정해두고, 사전에 부모님과 축의금 정산 방식을 조율해 처음과 끝이 깔끔한 결혼식을 맞길 바란다.

# 신혼집,
# 전세 vs 매매

 

 

 

 

우리의 첫 신혼집은 서울 영등포 양평동에 있는 24평짜리 반전세 오피스텔이었다. 전세를 구하기엔 종잣돈이 적었고, 월세로 살기엔 부담이 컸다. 남편 회사에서 7,000만 원을 대출 받아 모자란 보증금을 충당하고 월세 20만 원씩 내며 신혼생활을 시작했다. 월세 부담이 크지는 않았지만 대출이자와 관리비 등을 합하면 매달 주거비에만 60만 원 상당의 비용이 들었다. 그때까지만 해도 나는 결혼과 동시에 무리한 대출을 받아 집을 산다는 것은 한 번도 생각해보지 못했다. 대부분의 신혼부부들이 그러하듯, 첫 신혼집은 무난하게 전세로 시작해야 하는 줄로만 알았다.

우리를 포함한 많은 신혼부부들이 결혼과 동시에 인생 첫 대출을 경험한다. 학자금대출이나 직장인 신용대출과는 차원이 다른 규모

60

다. 은행에 거액의 빚을 지고 결혼한다는 사실만으로 마음이 위축되고 덜컥 겁이 난다. 나 역시 당시 마음만 먹으면 대출을 더 받아 전세보증금 전부를 마련할 수 있었지만, 1억 원이 넘는 대출이 두려워 반전세로 마음을 굳혔다.

그러나 결혼한 지 1년이 넘어가자 슬슬 생각이 바뀌기 시작했다. 내가 저축하는 속도보다 집값이 상승하는 속도가 훨씬 빨랐고, 전세가는 내가 생각하는 것 이상으로 올랐다. 심지어 우리보다 1년 먼저 결혼한 한 지인은 신혼 때 30년 된 10평대 아파트를 구입했는데, 2년 만에 집값이 1억 원 이상 올라 자산이 확 늘었다. '우리도 신혼 초 조금 무리를 해서라도 집을 샀다면 어땠을까' 하는 후회가 들었다. 따지고 보면 아이가 있는 외벌이 부부도 아니었고, 월 소득이 그리 적은 편도 아니었는데 나는 왜 그렇게 대출을 두려워했던 걸까.

내 주위에 결혼과 동시에 자산을 급격히 불린 부부들을 보면 대개 신혼 때 작은 평수라도 대출을 받아 집을 산 경우다. 그들은 다주택자도 아니고, 고소득자도 아니다. 다만 그들은 알고 있었다. 평범한 월급쟁이 부부가 빠르게 돈을 불리기 위해서는 가급적 일찍 내 집을 마련하고 적절한 타이밍에 좀 더 좋은 곳으로 갈아타는 것임을.

지금껏 신혼 때 집을 못 사서 후회한 부부는 봤어도, 집을 사서 후회한 경우는 단 한 번도 보지 못했다. 그 시간만큼 부동산 가격이 오르기도 했지만, 설사 오르지 않았다 하더라도 안락한 보금자리를 마

결혼 전 이것만은 꼭 상의해야 한다

련했다는 안정감이 결혼생활에 큰 힘이 되는 것은 사실이다. 나는 부동산 찬양론자도 아니고 다주택자는 더더욱 아니다. 그러나 실거주용 한 채가 전부인 나조차도 내 집 마련 후 집이 주는 심리적 안정감과 자산증식 효과를 제대로 체감하고 있다.

집값 떨어질 것이 두려워서 혹은 고점에 물릴까 봐 집을 못 사겠다는 사람들도 있다. 물론, 투자가 목적이라면 해당 지역의 주택 공급량이나 호재, 입지, 학군 등을 신중하게 따져야 한다. 수요가 탄탄하게 받쳐줘야 임대소득이 꾸준하게 발생하니까. 그러나 실거주용한 채라면 당장 팔 것이 아니므로 집값이 오르든 떨어지든 사는 기간 큰 지장이 없다. 집값이 오르면 좋은 타이밍에 갈아타면 되고, 집값이 떨어지면 부동산 경기가 나아질 때까지 차분히 기다리면 된다. 입지가 좋은 주택을 매수해 가격 방어를 하는 것이 가장 좋겠지만, 그렇지 않다 하더라도 '집값이 떨어진다'는 전제 하에 모든 가능성을 차단하지는 말라는 얘기다.

무엇보다 우리나라 부동산은 일시적 경제위기 상황을 제외하고는 장기적으로 우상향하고 있다. 대한민국이 망하지 않는 이상 물가는 꾸준히 상승하기 때문에 부동산만 침체될 가능성은 그리 크지 않다. 수년 전 부동산 시장 침체와 공급과잉으로 미분양과 할인분양 오명을 썼던 서울의 많은 단지들이 시장 회복세에 맞춰 몇 년 사이 분양가의 2배가 넘는 가격에 거래되는 사례를 수없이 봐왔다. 경기 사이

클은 돌고 돈다.

집값이 오르면 오르는 대로, 집값이 떨어지면 떨어지는 대로 못 사는 사람은 평생 못 산다. 결국 마인드의 문제다. 태어나 처음 거액의 대출을 경험하며 '과연 옳은 선택인가' 고민이 되겠지만 부부가 감내할 수 있는 수준의 '실거주용 한 채'라면 용기를 냈으면 한다. 부부의 첫 신혼집, 어떻게 시작하느냐에 따라 몇 년 뒤 우리 집 자산 규모가 달라진다. 부부의 자금사정에 따라 다음의 3가지 대안을 꼼꼼히 살펴보길 바란다.

| 선택지 1 | 자산의 50% 이내로 대출이 가능하다면

대출이 싫다는 이유로 종잣돈을 모을 때까지 내 집 마련 시기를 미루는 사람들이 있다. 그러나 경기가 우상향하는 상황이라면 내 연봉이 오르는 속도보다 부동산 가격이 상승하는 속도가 훨씬 빠르다. 집값의 절반 이내로 대출을 감내할 수 있다면 신혼 때 내 집 마련을 하는 것이 좋다고 생각한다. 신혼부부의 경우 생애 최초 내 집 마련, 보금자리론 등 저리로 대출 가능한 상품이 많다. 부부 합산소득이 기준을 초과한다면 결혼 전 한 사람의 명의로 미리 대출을 신청하는 것도 대안이 될 수 있다.

자금에 여유는 있지만 대출이 꺼려진다면 전세를 낀 채 주택을 매수하고, 두 사람이 거주할 신혼집은 최대한 규모를 줄여 시작하는 것도 고려해볼 만하다. 아이가 생기기 전 열심히 종잣돈을 모아 대출을 상환하고, 향후 아이가 태어나면 갭투자를 끝내고 해당 아파트로 최종 입주하는 것이다. 그 사이 대출액은 줄어들고, 집값은 올라있을 것이다. 우리 부부 역시 결혼한 지 1년 3개월이 지난 시점에 전세를 끼고 24평 아파트를 매수했으며, 몇 개월 뒤 입주 시기가 도래했을 때 집값이 10% 이상 올랐다.

'대출 자체가 싫다'는 이유로 무작정 전세로 시작하는 것은 권하고 싶지 않다. 뒤늦게 후회하는 부부들을 너무 많이 봤다. 저출산 문제가 심각해지면서 정부의 정책 방향이 신혼부부의 주거안정에 힘을 실어주는 분위기다. 이 기회를 놓치지 말자.

| 선택지 2 | 영혼까지 끌어모아도 전세만 가능하다면

자산을 최대한 끌어모아도 전세만 가능하다면, 일단 1순위 목표를 내 집 마련에 둬야 한다. 아마 대다수의 신혼부부가 여기에 해당되지 않을까 싶다. 이때 중요한 것은 전셋집에 거주하더라도 언제든 부동산 매수를 준비해야 한다는 것이다. 임대차계약기간 2년이 도래한 시점에 허둥지둥하지 말고, 최소 1년 전부터 임장을 다니거나 대비책을 세우고 준비해야 한다. 나는 임대차계약 1년이 되기도 전에 주말에 시간이 날 때마다 남편과 임장을 다녔고 덕분에 매수 타이밍을 잡을 수 있었다. 내 집 마련 후기는 Part 3에서 구체적으로 다룬다.

전세자금대출은 보통 임차보증금의 80%까지 지원되므로, 처음부터 큰 집에서 살 욕심만 내지 않는다면 전셋집 마련이 가능하다. 신혼부부를 위한 대출상품으로 주택도시기금의 신혼부부 주택담보대출과 버팀목 전세자금대출이 있고, 서울시를 비롯한 몇몇 시·도는 신혼부부 임차보증금 지원사업도 벌이고 있으므로 지원조건을 꼼꼼히 살펴보자. 다만, 전셋집은 부부가 일시적으로 거주하는 곳일 뿐 진짜 내 집이 아니다. 인테리어는커녕 내 맘대로 못 하나도 박기 힘들다. 또한 대출 한도에 여유가 있다고 해서 처음부터 큰 평수에 거주하면 정작 내 집을 장만할 때 눈높이 낮추기가 힘들다. 신혼 전셋집은 작은 평수로 시작해 대출이자 부담을 줄이고, 하루라도 빨리 종잣돈을 모아 진짜 내 집을 갖는 것이 훨씬 의미 있다.

### | 선택지 3 | 자산이 부족해 월세를 고려하고 있다면

부부의 경제 사정에 따라 신혼집을 월세로 시작하는 경우도 있다. 모아둔 돈이 너무 적어 전세자금대출을 받아도 무리가 되거나, 입주 날짜가 맞지 않아 몇 개월간 월세살이를 할 수도 있다. 그러나 의외로, 전세자금대출을 알아볼 생각도 하지 않고 돈이 부족하다며 무작정 월세부터 고려하는 부부들도 적지 않다.

보증금이 저렴하고 월세도 부담 없는 수준이라면 모르겠지만, 서울을 기준으로 웬만한 원룸 월세도 50만 원을 훌쩍 넘는다. 투룸이면 최소 70만~80만 원은 족히 나간다. 여기에 관리비와 전기세, 공과금 등을 감안하면 주거비용으로만 월 100만 원이 허공에 사라지는 셈이다. 이런 경우, 정부가 지원하는 전세자금대출을 이용해 전셋집을 마련하고 이자를 갚아나가는 것이 월세보다 저렴할 수 있다.

만약 신혼부부가 보증금 1억 원, 월세 80만 원짜리 20평 아파트에 거주한다고 가정해보자. 매년 부담해야 할 월세는 960만 원에 달한다. 반면, 전세 3억 원짜리 아파트를 구하는 데 이 중 2억 원을 금리 연 3.5%로 대출받으면 부담해야 할 이자는 700만 원으로 줄어든다. 연간 260만 원을 아끼는 셈이다. 월세 부담, 살다 보면 생각보다 크다. 최악의 경우가 아니라면, 월세는 무조건 전세로 돌리자.

| 선택지 4 | 집값이 떨어질 때까지 내 집 마련을 미루겠다면?

집값이 떨어지는 부동산 하락기에는 자금에 여유가 있음에도 불구하고 주택을 매수하지 않고 관망하는 실수요자들이 많다. 이럴 땐 전세보다 월세에 거주해 언제든 원하는 집이 나오면 계약할 수 있도록 현금흐름을 확보해둬야 한다. 전세로 거주하면 임대차 계약기간 2년 동안 보증금이 묶이기 때문이다. 집주인 입장에서는 계약 만료일까지 보증금을 내어줄 의무가 없으므로 아쉬울 것이 전혀 없다. 마음에 드는 집을 봤다 하더라도 당장 새로운 세입자를 구하지 못한다면 집 살 타이밍을 놓칠 수 있으므로 전략을 잘 세워야 한다.

# 혼인신고도
# 전략이 필요하다

예전의 나는 부부가 결혼식을 올리고 신혼여행에 다녀오면 혼인신고를 당장 해야 하는 줄로만 알았다. 아무리 결혼한 사이라도 혼인신고 없는 부부생활은 동거에 불과하고, 서로에게 어떤 책임감도 부여하지 않기 때문이다. '살아보고 나서 혼인신고를 하겠다'는 커플들이 넘쳐나는 세상이지만 서로에 대한 사랑과 믿음이 굳건하면 이것저것 잴 필요가 없다고 생각했다. 그렇게 우린 결혼 3개월 만에 법적 부부가 되었다.

그런데 막상 결혼하고 보니 때때로 '혼인신고를 좀 더 신중히 할 걸' 하는 후회가 들곤 한다. 정부의 각종 지원정책이나 내 집 마련 관련 특혜에 있어 신혼부부의 '혼인(신고)일'이 적지 않은 영향을 미치기 때문이다. 생애 첫 내 집 마련을 위해 정부지원대출을 알아봤을 땐 부부 합산소득이 기준을 초과해 관련 혜택을 전혀 챙기지 못했고(결혼 전 신청했더라면 조건을 충족할 수 있었다), 청약을 알아봤

결혼 전 이것만은 꼭 상의해야 한다

을 땐 자녀 없는 2인 가구였기에 임신 후 혼인신고를 한 부부들보다 경쟁에서 밀렸다. 일찍 혼인신고를 해서 받을 수 있는 혜택이 있었던 반면, 내 집 마련에 있어서는 제약이 따랐던 게 사실이다.

그래서 눈치 빠른 신혼부부들은 혼인신고를 할 때 내 집 마련에 유리한 방향으로 전략을 세운다. 신혼부부 금융 혜택의 대상자에 해당했던 한 지인은 저리로 대출받기 위해 결혼식 전에 미리 혼인신고를 했고, 부부 합산소득이 높았던 신랑의 한 동료는 혼인신고 전 자신의 명의로 정부지원 대출을 받아 분양권을 사기도 했다. 어떤 사람은 신혼부부 특별공급 1순위 청약을 위한 조건인 '결혼 3년 이내 자녀가 있는 부부'가 되기 위해 임신한 후 혼인신고를 했다.

'평생 믿고 살 사이에 혼인신고를 이용하는 것은 말이 안 된다'는 반론도 많다. 그러나 여러 선택지를 펼쳐놓고 부부에게 유리한 방향으로 고르는 것과 모르고 지나치는 것은 하늘과 땅 차이다. 내 집 마련 시기에 정답은 없고, 혼인신고 또한 부부가 결정하는 것이지만 이왕 하는 것이라면 여러 가능성을 염두에 두고 미리 준비하는 것이 좋다.

## 신혼부부 특별공급을 노린다면

과거에는 신혼부부 특별공급을 공략하려면 혼인기간이 짧고 자녀가 많을수록 유리했다. 하지만 지금은 혼인기간이 최대 7년으로 늘어나고, 소득기준이 도시 근로자 가구당 월평균 소득의 120%(맞벌이 130%)로 완화됐으며, 자녀가 없는 신혼부부도 신청할 수 있다. 정부가 신혼특공 물량을 기존 대비 2배로 늘리기로 하면서 더 많은 무주택 신혼부부들에게 기회가 돌아가게 됐다.

문제는 부부가 원하는 지역에 적절한 분양가의 아파트가 신혼기간에 딱 맞춰 나타나지 않는다는 것이다. 한 번에 당첨된다는 보장도 없다. 이리저리 따지다가 속절없이 흐르는 시간 때문에 기간 내에 몇 번 신청하지 못하고 기회를 날리는 경우도 있다.

그래서 최근엔 혼인기간 7년을 최대한 활용하기 위해 아내가 임신한 이후 혼인신고를 하는 부부들도 적지 않다. 신혼부부 특별공급은 태아도 자녀 수에 포함된다. 자녀가 있으면 1순위, 자녀가 없으면 2순위로 신청할 수 있다. 현실적으로 자녀가 있어야 당첨 가능성이 크기 때문에 첫 아이 임신 후 혼인신고를 하고, 청약을 노리는 것이다. 첫째 아이를 낳은 후에도 6년 이상의 시간이 남아 있으므로 둘째를 낳고도 신혼부부 특별공급에 도전할 수 있다.

단, 분양공고가 나는 날 기준으로 혼인신고가 되어 있어야 하며, 청약을 넣을 때 가구소득이 낮을수록, 세대주는 해당 지역에 일정 기간 이상 거주할수록, 청약 납입 횟수가 많을수록 많은 가점을 받아 유리하다. 한 가지 더! 혼인기간 중 주택을 처분한 이력이 있으면 신혼부부 특별공급에 신청할 수 없다. 혼인신고 전 주택을 미리 처분해야 한다.

## 담보대출을 받아 신혼집을 구한다면

신혼부부가 고려하는 정부지원 담보대출 상품은 크게 디딤돌대출과 보금자리론 2가지다. 두 상품은 모두 원칙상 부부 합산소득 6,000만~7,000만 원 이하여야 신청할 수 있다(신혼부부는 합산소득 7,000만~8,500만 원). 따라서 부부 합산소득이 7,000만 원 이상이라면 혼인신고 전 본인 또는 배우자가 단독으로 디딤돌대출과 보금자리론을 신청하는 것도 방법이다. 부부 합산소득이 6,000만 ~7,000만 원 이하라면 혼인신고 후에도 크게 상황이 달라지지 않으므로 담보 대출 때문에 혼인신고를 미루지 않아도 된다.

디딤돌대출의 경우, 만 30세 이상이면서 무주택자인 경우만 신청 가능하다. 두 사람 중 한 사람이라도 유주택자라면 혼인신고와 동시에 나머지 배우자도 유주 택자가 되므로, 혼인신고 전 무주택자인 배우자가 대출을 신청해야 한다. 보금 자리론의 경우, 민법상 성년이면서 연 소득 7,000만 원 이하, 1주택자까지 신청 가능하다.

단, 혼인신고 전 단독으로 디딤돌대출을 받으려면 주의해야 할 사항이 있다. 결 혼 전 만 60세 이상의 부모님과 함께 거주하는 경우 부모님이 소유한 주택 수에 관계없이 자신이 세대주면 디딤돌대출을 신청할 수 있지만, 부모님이 만 60세 미만이고 소유한 주택이 있을 경우 대출이 불가하다. 독립해서 혼자 사는 경우 엔 본인이 단독 세대주가 되므로 상관없다.

## 결혼 전 1~2주택을 보유하고 있다면

원칙상 예비부부 중 한 사람의 명의로 주택이 있다면 혼인신고와 함께 1가구 1 주택이 된다. 결혼 전 취득한 주택이 있는 상황에서 신혼집을 또다시 매수할 계 획이라면 '일시적 1가구 2주택' 혜택을 고려해볼 만하다. 혼인신고 전 부부가 각각 1주택을 소유하고 있다가 혼인신고 후 자동으로 1가구 2주택이 된 경우라 면, 혼인신고일 기준으로 2년 이상 보유한 주택 중 하나를 5년 내 양도하면 양 도소득세를 내지 않아도 된다.

반면, 혼인신고 전 무주택 또는 1주택이었다가 혼인신고 후 새롭게 주택을 취득해 2주택이 된 부부라면, 첫 주택을 2년 이상 보유 및 2년 이상 거주(2017년 8월 2일 이후 취득 시)한 상태에서 2~3년 내로 첫 주택을 양도해야 양도소득세가 면제된다. 단, 두 번째 주택을 취득할 때는 기존 주택을 취득한 날로부터 최소 1년이 지난 시점이어야 한다.

확실히 혼인신고 전 주택을 취득하는 것이 혼인신고 후 주택을 취득하는 것보다 일시적 1가구 2주택 비과세 조건을 충족시키기 쉽다. 부동산 정책은 수시로 바뀌기 때문에 혼인신고를 전후해 관련 제도를 꼼꼼히 살펴보고 부부에게 유리한 방향으로 선택하자.

# 결혼 1년차, 지출 잡는 똑똑한 가계 운영법

# 부부의
# 버킷리스트 작성하기

정신 없던 결혼식이 끝나고, 내 인생에 잊지 못할 추억을 남긴 신혼여행에서도 돌아왔다. 이제 본격적인 현실세계가 눈앞에 펼쳐진다. 그동안 게을리했던 가계부도 2인 가구에 맞게 새롭게 써야 하고, 당장 신혼여행에서 쓴 카드값도 갚아야 한다. 대출이자 부담도 지게 된다.

동시에, 신혼의 달콤한 일상이 시작된다. 주말엔 남편과 함께 장을 보고, 편한 차림으로 심야 영화관 데이트를 즐긴다. 다음 해외여행지로는 일찌감치 태국 방콕을 점 찍어 두었다. 혼자가 아닌 둘이 함께하는 것들에 벌써부터 마음이 들뜬다.

결혼 후 부부가 꿈꾸는 삶, 마주하는 삶의 형태는 제각각 달라도 여기엔 공통적으로 돈이 든다. 기본적인 의식주를 유지하기 위해서라도, 신혼의 즐거움을 오래도록 만끽하기 위해서라도 우리에겐 돈이 필요하다. 결혼의 궁극적인 목적은 사랑하는 사람과 지금보다 더 행복한 삶을 살기 위함이다. 돈이 많아야 행복한 삶을 보장받는 건 아니지만, 돈이 없으면 제약을 받는 게 사실이다. 기대하는 행복이 큰 만큼 일찌감치 경제적 자립을 고민해야 한다.

돈을 모으려면 부부가 공동의 목표를 갖는 과정이 중요하다. 이를 도와주는 것이 버킷리스트와 생애설계연표다. 막연히 10억 원이 있으면 좋겠다고 생각하는 것과 10억을 모으기 위한 구체적인 목표와 실행계획을 세우는 것은 다르다. 결혼 후 두 사람이 추구하는 삶은 어떤 모습인지, 그러한 삶을 살기 위해 얼마의 돈이 필요한지, 돈을 모으려면 무엇부터 시작해야 하는지 구체적으로 계획해야 종잣돈 마련에 추진력을 얻는다.

먼저 부부의 버킷리스트를 써본다. 꿈꾸는 삶의 모습을 먼저 나열하고, 이를 위해 재무적으로 달성해야 할 목표를 간략하게 적는다.

버킷리스트를 만들었다면 이에 따른 실천방안과 모아야 할 금액을 계산해야 한다. 이때 생애설계연표를 활용하면 도움이 된다. 생애설계연표는 살면서 나와 가족에게 일어날 주요 이벤트를 예상하고, 이에 필요한 자금과 마련방법을 기록하는 표다. 버킷리스트가 부부의 꿈이라면, 생애설계연표는 꿈을 이뤄주는 실천계획이 되는 셈이다.

## 우리 집 버킷리스트

**인생 목표**

돈의 제약 없이 여유롭고 행복한 삶

**인생 버킷리스트**

1년에 한 번 이상 해외여행 가기
안락한 보금자리 마련하기
해외에서 2년 살아보기
멋진 SUV 차량 소유하기
부부가 함께 즐기는 취미생활 갖기
자녀보다 부부가 중심이 되는 삶 살기
돈의 제약 없이 자녀의 꿈 지지하기
은퇴 후 세계여행 다니기

**재무 버킷리스트**

가계 저축률 50~60% 이상 유지하기
10년 안에 10억 원 모으기
유학자금(해외 거주비) 5,000만 원 준비하기
자녀 학자금 1억 5,000만 원 만들기
노후대비용 임대주택 마련하기
노후자금 월 500만 원 시스템 만들기

결혼과 동시에 자녀 학자금이나 노후준비에 대한 부담은 느끼지만 당장 생활비나 대출금에 밀려 뒷전이 되는 게 현실이다. 생애설계연표를 그리면 그간 막연하게 생각했던 생애 이벤트를 구체화할 수 있고, 목표한 금액을 위해 어떤 준비를 해야 하는지 알 수 있다. 물론 살다 보면 계획대로 되지 않겠지만, 짧게는 10년, 길게는 50년 이상 바라보고 생애주기별 이벤트와 필요자금을 그려보면 수많은 변수를 줄일 수 있다.

살면서 이벤트는 계속해서 발생하고, 그때마다 돈이 필요하다. 차곡차곡 모은 비상금을 때에 맞춰 내놓을 것인지, 아니면 이벤트성 자금을 미리 파악해 저축 및 투자에 돌입할 것인지는 본인의 선택이다.

독자들의 이해를 돕기 위해 실제 내가 작성한 우리 집 생애설계연표를 예시로 소개하고자 한다. 생애설계연표 양식은 나의 블로그에서 자유롭게 다운 받을 수 있다. 생애주기별 이벤트는 얼마든지 달라질 수 있고 자유롭게 수정도 가능하다. 일단 큰 그림을 그린다는 생각으로 작성하는 것이 포인트다. 아직 아이가 없는 부부라면 아이가 태어날 시점을 임의로 표시해보고, 임신 중이거나 이미 낳은 상태라면 우리처럼 학자금을 포함해 플랜을 짜보자.

**출산** 12월 아이 출산에 따른 병원비, 산후조리원, 산후도우미, 기

### 우리 집 생애설계연표

(단위 : 만 원)

| 결혼연차 | | 0 | 1 | 2 | 3 | 4 | 5 | 6 | 7 | 8 | 9 | 10 | 11 | 12 | 13 | 14 | 15 | 16 | 17 | 18 | 19 | 20 |
|---|---|---|---|---|---|---|---|---|---|---|---|---|---|---|---|---|---|---|---|---|---|---|
| 가족 나이 | 남편 | 32 | 33 | 34 | 35 | 36 | 37 | 38 | 39 | 40 | 41 | 42 | 43 | 44 | 45 | 46 | 47 | 48 | 49 | 50 | 51 | 52 |
| | 아내 | 32 | 33 | 34 | 35 | 36 | 37 | 38 | 39 | 40 | 41 | 42 | 43 | 44 | 45 | 46 | 47 | 48 | 49 | 50 | 51 | 52 |
| | 동키 | | 1 | 2 | 3 | 4 | 5 | 6 | 7 | 8 | 9 | 10 | 11 | 12 | 13 | 14 | 15 | 16 | 17 | 18 | 19 | |
| 이벤트 및 필요자금 | 부부관련 | | | | | | | | | | 신랑 해외직무 2년, 아내 어학연수 | 차 구입 | | | | | | | | | | 20주년 여행 |
| | 비용 | | | | | | | | | | 어학비 3,000 | 3,000 | | | | | | | | | | 1,000 |
| | 자녀관련 | | | 동키 출산 | 1차 증여 | | | | 현지 스쿨 | 초등 입학 | | | | | 2차 증여 | | 중학교 | | | 고등학교 | | |
| | 비용 | | | 1,000 | 2,000 | | | | 2,000 | | | | | | 2,000 | | 3,000 | | | 4,000 | | |
| | 특이사항 | | | 병원비, 조리원, 도우미 | 주식 장기 투자 | | | | 외벌이 전환, 아파트 임대 전환 | 재취업 준비 | | | | | 주식 장기 투자 | | | | | | | |

결혼 1년차, 지출 잡는 똑똑한 가계 운영법

| 결혼연차 | | 21 | 22 | 23 | 24 | 25 | 26 | 27 | 28 | 29 | 30 | 31 | 32 | 33 | 34 | 35 | 36 | 37 | 38 | 39 | 40 | 41 |
|---|---|---|---|---|---|---|---|---|---|---|---|---|---|---|---|---|---|---|---|---|---|---|
| 가족 나이 | 남편 | 53 | 54 | 55 | 56 | 57 | 58 | 59 | 60 | 61 | 62 | 63 | 64 | 65 | 66 | 67 | 68 | 69 | 70 | 71 | 72 | 73 |
| | 아내 | 53 | 54 | 55 | 56 | 57 | 58 | 59 | 60 | 61 | 62 | 63 | 64 | 65 | 66 | 67 | 68 | 69 | 70 | 71 | 72 | 73 |
| | 동키 | 20 | 21 | 22 | 23 | 24 | 25 | 26 | 27 | 28 | 29 | 30 | 31 | 32 | 33 | 34 | 35 | 36 | 37 | 38 | 39 | 40 |
| 이벤트 및 필요자금 | 부부관련 | | | | 차 구입 | | | 환갑 | | | 결혼 30주년 | | | 신랑 은퇴 | | | | 칠순 | | | 결혼 40주년 | |
| | 비용 | | | | 3,000 | | | | | | 1,500 | | | | | | | | | | 1,500 | |
| | 자녀관련 | 대학 입학 | 군대, 3차 증여 | 대학 등록금 | | | | | | | | | 4차 증여 | | | | 결혼 or 독립 | | | | | |
| | 비용 | 2,000 | 증여 5,000 | 6,000 | | | | | | | | | 5,000 | | | | | | | | | |
| | 특이사항 | | 주식 장기 투자 | | 아내 퇴직연금 일시금 | | | | | | | | 공무원 연금 개시 | | | | 증여+ 투자 수익 3억 원 | | 아내 국민 연금 | | 부부 개인 연금 | |

### 단기 이벤트(~10년)

(단위 : 만 원)

| 결혼연차 | | 0 | 1 | 2 | 3 | 4 | 5 | 6 | 7 | 8 | 9 | 10 |
|---|---|---|---|---|---|---|---|---|---|---|---|---|
| 가족 나이 | 남편 | 32 | 33 | 34 | 35 | 36 | 37 | 38 | 39 | 40 | 41 | 42 |
| | 아내 | 32 | 33 | 34 | 35 | 36 | 37 | 38 | 39 | 40 | 41 | 42 |
| | 동키 | | | 1 | 2 | 3 | 4 | 5 | 6 | 7 | 8 | 9 |
| 이벤트 및 필요자금 | 부부관련 | | | | | | | | 신랑 해외직무 2년, 아내 어학연수 | | | 차 구입 |
| | 비용 | | | | | | | | 어학비 3,000 | | | 3,000 |
| | 자녀관련 | | | 동키 출산 | 1차 증여 | | | | 현지 스쿨 | | 초등 입학 | |
| | 비용 | | | 1,000 | 2,000 | | | | 2,000 | | | |
| | 특이사항 | | | 병원비, 조리원, 도우미 | 주식 장기 투자 | | | | 외벌이 전환, 아파트 임대 전환 | | | 재취업 준비 |

본 육아용품 등을 감안해 5개월간 약 1,000만 원이 필요하다. 만기가 돌아오는 투자상품 두 곳에서 1,000만 원 이상의 수익이 발생하므로 이 비용은 고스란히 출산, 육아를 위한 비상금통장으로 이체해 활용할 계획이다.

유학 5년 내 남편의 해외근무 이슈가 있다. 물론 뽑혀야 갈 수 있다. 이 기간 체류비는 회사에서 지원해주지만, 외벌이 생활을 해야한다. 해외체류 2년간 아이의 유치원 또는 국제학교 비용(2,000만 원 예상)이 필요하고, 나 역시 어학연수를 받거나 칼리지(3,000만 원 예상)에 다닐 생각이다. 사실상 저축은 힘든 상황이다.

유학이 결정되면 1년 정도 준비할 시간이 있기 때문에 이 기간 자금의 절반 정도를 모아둘 생각이다. 유학기간 동안에는 현재 거주하는 아파트를 전세로 내놓고, 확보한 보증금으로 2년간 투자할 금융상품을 찾거나 또 다른 부동산에 투자하는 대안이 있다. 해외에서는 월세로 거주하기 때문에 목돈의 보증금이 필요 없다. 유학 후 돌아왔을 때 기존에 투자한 자산이 어느 정도 불어나 그간의 유학비용을 충당할 수 있으면 베스트!

자동차 구입 현재 6년된 준중형 자동차를 타고 있다. 해외유학 시 이를 처분했다가 2년 뒤 돌아왔을 때 새 자동차를 구입해야 한다. SUV 기준으로 3,000만 원 정도 필요하다. 현재 소유중인 자동차를 처분하면 1,000만 원 정도가 확보된다. 나머지 2,000만 원은 유학기간 2년 동안 금융상품 투자를 통해 연간 1,000만 원씩 확보하거나 나의 비자금을 활용할 생각이다.

## 중기 이벤트(11~30년)

(단위 : 만 원)

| 결혼연차 | | 11 | 12 | 13 | 14 | 15 | 16 | 17 | 18 | 19 | 20 |
|---|---|---|---|---|---|---|---|---|---|---|---|
| 가족 나이 | 남편 | 43 | 44 | 45 | 46 | 47 | 48 | 49 | 50 | 51 | 52 |
| | 아내 | 43 | 44 | 45 | 46 | 47 | 48 | 49 | 50 | 51 | 52 |
| | 동키 | 10 | 11 | 12 | 13 | 14 | 15 | 16 | 17 | 18 | 19 |
| 이벤트 및 필요자금 | 부부관련 | | | | | | | | | | 20주년 여행 |
| | 비용 | | | | | | | | | | 1,000 |
| | 자녀관련 | | | 2차 증여 | | | 중학교 | | | 고등학교 | |
| | 비용 | | | 2,000 | | | 3,000 | | | 4,000 | |
| | 특이사항 | | | 주식 장기투자 | | | | | | | |

| 결혼연차 | | 21 | 22 | 23 | 24 | 25 | 26 | 27 | 28 | 29 | 30 |
|---|---|---|---|---|---|---|---|---|---|---|---|
| 가족 나이 | 남편 | 53 | 54 | 55 | 56 | 57 | 58 | 59 | 60 | 61 | 62 |
| | 아내 | 53 | 54 | 55 | 56 | 57 | 58 | 59 | 60 | 61 | 62 |
| | 동키 | 20 | 21 | 22 | 23 | 24 | 25 | 26 | 27 | 28 | 29 |
| 이벤트 및 필요자금 | 부부관련 | | | | | 차 구입 | | | 환갑 | | 결혼 30주년 |
| | 비용 | | | | | 3,000 | | | | | 1,500 |
| | 자녀관련 | 대학 입학 | 군대, 3차 증여 | | | 대학 등록금 | | | | | |
| | 비용 | 2,000 | 증여 5,000 | | | 6,000 | | | | | |
| | 특이사항 | | | 주식 장기투자 | | 아내 퇴직연금 일시금 | | | | | |

**재산 증여(9,000만~1억 4,000만 원)** 아이가 태어나면 증여를 활용할 계획이다. 현행법상 미성년 자녀에게 10년간 2,000만 원까지 세금 없이 증여할 수 있고, 증여액으로 투자한 상품의 수익은 세금을 떼지 않는다. 그래서 2세 때 1차 증여 2,000만 원, 12세 때 2차 증여 2,000만 원, 22세 때 3차 증여 5,000만 원을 계획에 포함시켰다. 성년에게는 10년간 5,000만 원 세금 없이 증여 가능하다.

돈이 많아서 증여하는 것이 아니라, 부부가 모을 자산의 일부를 자녀 명의로 해놓고 대신 관리 및 투자하는 개념이라고 보면 된다. 자녀가 미성년일 때 증여한 총 4,000만 원이 향후 20년의 향방을 가를 듯하다. 증여액은 해외주식이나 펀드에 장기투자할 계획이다. 증여 자산이 잘 불어나면 대학등록금에 보태고, 자녀가 결혼하거나 독립할 때 30년간 묵혀둔 그의 몫을 꺼내 줘도 된다. 2~22세까지 증여한 9,000만 원을 20~30년만 잘 굴려도 2~3억 원 정도는 되지 않을까?

**자녀 학자금(1억 5,000만 원)** 우리 집 중기 이벤트는 자녀 학자금으로 시작해 자녀 학자금으로 끝난다 해도 과언이 아니다. 교육비가 본격적으로 들어가는 중학교, 고등학교, 대학교 10년간 순수 학자금으로 1억 5,000만 원을 잡았다. 신랑이나 나는 독서나 예체능 활동을 뺀 사교육은 최소화할 생각이지만 막상 아이를 낳으면 어떻게 될지 알 수 없다. 아이가 어떤 분야에 흥미를 갖고, 두각을 나타낼지 모르기 때문이다. 일단 중학교 3년은 3,000만 원, 고등학교 3년은 4,000만 원, 대학 등록금은 8,000만 원으로 플랜을 짰다. 학자금은 앞서 2~3차례 증여한 자산이 불어나가는 속도에 맞춰 활용한다. 모자란 학자금은 나의 퇴직연금을 일시금으로 받아 일부 보탤 계획도 있다.

**결혼 20주년 여행(1,000만 원)** 결혼 10주년은 해외에 거주할 가능성이 있기에 배제했고, 결혼 20주년은 신랑과 함께 유럽여행을 떠나고 싶다. 물론, 20년 뒤 물가를 감안했을 때 둘이서 1,000만 원으로 유럽여행이 가능할지는 미지수. 어찌됐든 모은다는 것이 중요하다. 매달 가계 저축률 50% 이상을 달성하면서 꾸준히 비상금 통장을 채울 생각이다.

## 장기 이벤트(31년 이상)

(단위 : 만 원)

| 결혼연차 | | 30 | 31 | 32 | 33 | 34 | 35 | 36 | 37 | 38 | 39 | 40 | 41 |
|---|---|---|---|---|---|---|---|---|---|---|---|---|---|
| 가족 나이 | 남편 | 62 | 63 | 64 | 65 | 66 | 67 | 68 | 69 | 70 | 71 | 72 | 73 |
| | 아내 | 62 | 63 | 64 | 65 | 66 | 67 | 68 | 69 | 70 | 71 | 72 | 73 |
| | 동기 | 29 | 30 | 31 | 32 | 33 | 34 | 35 | 36 | 37 | 38 | 39 | 40 |
| 이벤트 및 필요자금 | 부부관련 | 결혼 30주년 | | | 신랑 은퇴 | | | | | 칠순 | | 결혼 40주년 | |
| | 비용 | 1,500 | | | | | | | | | | 1,500 | |
| | 자녀관련 | | | | 4차 증여 | | 결혼 or 독립 | | | | | | |
| | 비용 | | | | 5,000 | | | | | | | | |
| | 특이사항 | | | | 공무원 연금 개시 | | 증여+ 투자수익 3억 원 | | | 아내 국민연금 | | 부부 개인연금 | |

**노후 준비** 우리 집 장기 이벤트의 핵심은 부부의 노후준비와 자녀의 결혼이다. 아직까지 먼 미래의 얘기라 정확한 예측이 어렵다. 신랑과 대화를 나눈 결과, 현재의 화폐 가치로 노후에 월 500만 원은 있어야 생활비, 손주들 용돈, 여가생활이 가능할 것이란 결론이 나왔다. 부동산을 포함해 연금, 금융자산 등으로 최소 20억 원의 노후자금이 있어야 한다.

갓 결혼한 여자의 재테크

나의 은퇴 시점은 정확한 예측이 어렵지만, 공무원인 신랑의 은퇴는 약 65세로 잡았다. 이후 다른 기관에 재직할 수도 있겠지만 일단은 보수적으로 책정했다. 그때까지 자녀가 결혼하지 않았거나 부부에게 경제적 여유가 있다면 4차 증여(5,000만 원)를 하는 것도 생각해 볼 수 있다. 자녀가 35세에 결혼한다고 가정했을 때, 지금까지 증여한 금액과 투자수익을 합해 약 3억 원 마련을 목표로 했다.

**공무원연금, 국민연금, 개인연금 개시** 우리 부부는 공무원연금, 부부 개인연금, 아내 퇴직연금, 아내 국민연금 등을 꾸준히 붓고 있다. 먼저 신랑 은퇴 시점에 맞춰 공무원연금을, 부부의 칠순에 맞춰 아내의 국민연금을 개시할 생각이다. 갈수록 공무원연금이 줄어드는 추세여서, 30년 뒤 신랑이 연금을 탈 때는 매달 얼마 정도를 받을지 현재로서 가늠이 안 된다. 월 250만 원 정도 예상하고 있다.

부족한 노후자금은 부부의 개인연금으로 충당한다. 현재 부부가 개인연금에 붓는 원금은 10~12년간 약 1억 원인데, 납입이 끝난 후에도 25년 이상 굴리기 때문에 연 수익률 5%만 복리로 잡아도 3억 원 정도가 된다. 신랑 은퇴 시점에 가계 상황에 따라 유동적으로 연금을 개시할 생각이다.

부동산은 자녀에게 물려주는 대신, 부부의 여유로운 노후를 위해 주택연금으로 전환하거나 규모를 줄여 금융자산으로 확보하려고 한다. 부부가 초라하게 늙지 않고 건강하게 여가생활을 즐기며 주위 사람들에게 베푸는 것 또한, 자녀의 인생만큼이나 중요하니까.

돈은 부부의 행복한 삶을 위한 수단일 뿐, 그 자체로 인생의 목적이 될 수 없다. 그러나 그 수단을 온전히 내 마음대로 활용할 수 있다는 건 또 다른 얘기다. 물론, 30년 후의 미래는 너무도 아득해서 '과연 계획대로 될까?', '그 사이 경제상황이 어떻게 바뀔지도 모르는데'라는 의문이 들기도 하지만, 살면서 부부에게 닥친 미션들을 하나씩 해결하며 성취감을 느끼는 것도 인생의 묘미가 아닐까.

결혼이라는 제2의 인생을 시작한 신혼부부라면, 경제적 자유를 위한 첫 번째 미션으로 인생의 버킷리스트를 세우고 생애주기별 이벤트를 계획하는 것부터 시작해보길 바란다.

# 가계경제권
# 누가 가져야 할까?

과거 마케팅 회사에서 근무했을 당시 내 직장상사는 아이 둘을 키우는 결혼 10년차 워킹맘이었다. 초고속 승진을 할 만큼 일에 열정적인 선배였는데, 능력도 능력이지만 마흔의 나이에도 항상 세련된 스타일을 유지해 후배들의 부러움을 샀다. 돈을 쓰는 데도 거침이 없었다. 한 손에는 늘 갓 내린 커피 한 잔이 들려 있었고, 연예인들이 입을 법한 신상 패션으로 시선을 훔치곤 했으니까. 아무리 직급이 높다 한들 작은 회사의 연봉은 고만고만했으므로, 분명 집이 부자이거나 남편의 능력이 대단할 것이라 생각했다.

그 후 선배와 가까워지면서 조금씩 그녀의 집안사정에 대해 알게 되었다. 으리으리한 고급 아파트에 살 것이란 나의 예상과 달리, 그녀는 아담한 빌라에서 네 식구와 함께 평범한 가정을 꾸리고 있었다. 부자 부모가 있는 것도, 남편이 억대 연봉의 전문직 종사자도 아니었다. 그녀의 당당한 소비 비결은 따로 있었다. 자신이 번 돈을 배우자의 간섭 없이 온전하게 쓸 수 있는 '자유'였다.

그녀는 결혼 후 10년째 남편과 돈 관리를 따로 하고 있었다. 서로가 얼마를 버는지는 정확히 모른다고 했다. 관리비와 공과금은 남편이 부담하고 자녀의 교육비는 선배가 부담하는 식으로 지출 항목을 나눠 각출하고 있었다. 저축 또한 각자 알아서 했다. 돈 모으기 어렵지 않냐는 질문에 그녀는 "그냥 이대로가 좋다"며 쿨하게 대답했다. 돈을 쓸 때마다 남편의 간섭을 받는 것도 싫거니와 너무 오랜 시간 따로 관리해왔기 때문에 이제 와서 자산을 합하는 것이 쉽지 않다는 것이 이유였다.

그때 난 본능적으로 알았던 것 같다. 결혼 후에도 싱글라이프를 즐기려면 배우자의 간섭 없이 자유롭게 소비할 수 있는 내 돈이 있어야 한다는 것을. 그러나 그만큼 경제적 자립이 늦어질 수 있다는 것을 말이다. 부자로 태어나지 않은 이상, 부부가 각자 벌고 각자 관리하면서 어느 날 갑자기 부자가 되는 길은 없다. 결국 선택의 문제다. 경제적 자립을 조금 늦추는 대신 개인의 자율성을 확보할 것인지, 자유를 일부 포기하더라도 배우자와 합심해 경제적 자립을 앞당길 것인지.

결혼 전에는 한 사람의 의지만으로 종잣돈을 모으는 것이 가능하다. 그러나 결혼 후에는 혼자 아무리 열심히 모으고 아껴도 배우자가 싱글 때의 소비 스타일을 고수한다면 밑 빠진 독에 물 붓기가 될 가능성이 크다. 이럴 때는 돈에 좀 더 밝은 배우자가 경제권을 쥐고 주도적으로 가계를 꾸려나가는 것이 효율적이다. 문제는 상대가 이를 거부하거나 서로를 믿지 못해 경제권을 두고 팽팽한 기 싸움을 할 때 일어난다. 경제권, 과연 누가 가져야 할까?

## 통장 합칠까?
## 각자 관리할까?

김경필이 쓴 《맞벌이 부자들》 책에 따르면, 결혼 후 부부가 돈 관리를 하는 방법은 크게 4가지로 나뉜다. 첫째, 두 사람의 소득이 모두 공개되어 있고 한 사람이 주도적으로 관리하는 경우. 둘째, 두 사람의 소득이 일부 공개되어 있고 한 사람이 관리하는 경우(생활비 일부만 배우자에게 주는 경우). 셋째, 부부의 소득을 일부 아는 상태에서 각자 관리하는 경우. 마지막으로 두 사람의 소득을 전혀 모르는 상태에서 따로 관리하는 경우다.

당연히 후자로 갈수록 돈이 안 모인다. 이유는 간단하다. 부부간 소통이 어려워서다. 서로의 소득을 제대로 알지 못하고, 얼마를 모았는지도 공유하지 않는데 어떻게 경제적 목표를 세우고 실천할 수 있을까? 돈 관리는 각자 하면서 부부가 함께 부자가 된다는 발상 자

결혼 1년차, 지출 잡는 똑똑한 가계 운영법

체가 아이러니하다.

그렇다면 꼭 통장을 합쳐야만 종잣돈을 모을 수 있을까? 많은 새내기 부부들이 '통장을 따로 관리해도 돈을 제대로 모을 수 있지 않느냐'고 반문한다. 맞다. 부부의 의지가 확고하다면 각자 관리하면서도 돈을 모을 수도 있다. 그러나 혼자 돈을 모으는 것과 두 사람이 합심해 돈을 모으는 것은 긴장감의 밀도가 다르다. 싱글 때는 모든 경제적 판단을 혼자 내리지만, 결혼 후에는 부부가 꾸준한 대화와 합의를 통해 매 순간 최선의 결정을 내려야 한다.

서로의 소득을 정확히 공개하지 않는 상태라면 대화를 통해 구체적인 목표를 세울 수도, 실천할 수도 없다. 월급을 일부 공개했다 하더라도 비정기적으로 나오는 상여금이나 보너스를 숨기면 자산관리의 영역에서도 벗어난다. 결국 돈을 따로 관리한다는 건 가족 공동의 목표보다 개인의 만족과 자율성이 중요하다는 의미다. 당연히 공동의 경제적 목표가 있는 부부보다 돈을 모으는 속도가 느릴 수밖에 없다.

내 주위에도 통장을 따로 관리하는 부부가 여럿 있다. 그러나 이들 중 어떤 부부도 효율적으로 돈을 모으지 못한다. 결혼한 지 몇 년이 지났는데도 돈이 잘 모이지 않는다며 푸념하는 소리만 종종 들을 뿐이다. 한 직장 선배는 "생활비만 아내에게 주고 나머지는 알아서 관리하는데 생각보다 돈이 잘 안 모인다"고 했고 또 다른 친구는

갓 결혼한 여자의 재테크

"남편에게 맡기자니 믿음이 안 가 각자 관리하는데, 자유롭긴 하나 확실히 책임감은 덜하다"고 했다. 돈을 각자 관리하는 부부들의 공통점은 결혼한 지 몇 년이 지났는데도 배우자가 얼마를 버는지 모른다는 점, 공동의 목표 없이 각자 저축을 한다는 점, 지출에 다소 과감하다는 점, 배우자가 어느 정도 돈을 모았을 거라며 위안한다는 점이다.

반면, 결혼 후 몇 년도 안돼 자산을 불린 부부들은 한 사람이 주도적으로 경제권을 쥐고 저축과 투자에 강력한 드라이브를 건 경우가 압도적이다. 남들보다 소득이 높아서, 재테크에 타고난 감각이 있어서가 아니다. 대다수는 싱글 때까지 경제관념 없이 살다가 결혼 후 배우자와 합심해 자산을 불려나가는 경우가 더 많다. 부부에게 공동의 목표가 있고 배우자를 온전히 신뢰하며 개인의 만족보다 가족의 행복을 우선하는 덕분에 종잣돈이 모이는 것이다. 신혼 초엔 자산의 규모에 큰 차이가 없어 보여도 몇 년이 지나면 그 차이는 급격히 벌어질 수밖에 없다.

## 돈 관리는
## 무조건 여자가 해야 한다는 착각

결혼과 동시에 통장을 합치고 부부 중 한 사람이 주도적으로 경제권을 쥔다는 것, 좋다. 그러나 그 주체가 누가 되느냐는 또 다른 문제다. 보통 경제권을 넘기면 가정 내 권력을 빼앗긴다고 생각한다. 먼저 결혼한 선배들의 말만 듣고 '경제권은 무조건 여자가 가져야 한다' 혹은 '신혼 때 남자가 경제권을 뺏기면 끝이다'라는 생각으로 밀당을 한다.

특히 돈 관리는 무조건 여자가 해야 한다는 착각, 말 그대로 착각이다. 객관적으로 두 사람의 성향을 분석했을 때 아내인 내가 경제권을 갖는 것이 자산을 늘리는 데 도움이 될지, 아니면 남편이 관리하는 게 더 유리한지 냉정하게 따져봐야 한다. 경제권에 대한 올바른 이해 없이 그저 뺏기면 안 된다는 식의 고집은 곤란하다. 그깟 자존심 좀 세우자고 저축 황금기를 놓친다면 이보다 어리석은 일이 또 있을까?

가계 경제권은 부부 두 사람 가운데 경제관념이 있고 돈에 더 밝은 사람이 맡아야 한다. 평소 재테크에 관심이 많고 올바른 소비습관을 갖고 있으며 꼼꼼한 배우자가 관리해야 자산을 효율적으로 불릴 수 있다. 실상 경제권을 쥔 사람은 월 소득흐름과 지출흐름, 대출금, 저축계획까지 모든 분야를 관리해야 해 귀찮은 일이 한두 가지가 아니다. 가정의 재무상황에 관심이 크기 때문에 경제권을 갖지 않은 배우자보다 소비를 자제하는 성향도 보인다. 따라서 나보다 돈에 밝은 배우자가 있고, 그에게 경제권을 맡긴다면 이는 경제적 자립에 한 발짝 다가선 것을 의미한다.

최악의 시나리오는 열심히 해보려는 배우자를 깎아내리거나 믿지 못하는 것이다. 배우자에게 경제권을 맡길 수 없다면 스스로 열심히 공부해서 경제권을 쟁취하는 방법도 있다. 그럴 자신이 없다면, 욕심을 조금 내려 놓고 두 사람의 미래를 위해 누가 경제권을 주도적으로 가지면 좋을지 조율하는 과정이 필요하다.

단, 부부 중 한 사람이 경제권을 가져도 자산관리는 부부 공동의 책임임을 잊지 말자. 경제권을 쥔 사람은 가계에 관한 모든 이슈를 배우자와 상의하고 결정해야 할 의무가 있다. 그렇지 않으면 상대 배우자가 가정경제에서 소외되거나 아예 무관심해질 수 있다. 나 역시 가정에서 경제권을 쥐고 있지만 큰 지출이 일어나거나 공동 자산으로 투자할 땐 반드시 남편과 상의해 결정한다. 가계부 또한 아내인 내가 주도적으로 쓰되, 월 1~2회는 현 가계상황을 빠짐없이 공유하고 이를 토대로 다음 달 예산을 함께 짜며 배우자의 참여를 이끈다.

## 월급을 맡기지 않는 남편

"통장을 합쳐 관리하고 싶은데, 남편이 월급을 안 맡겨. 어떻게 해야 할지 모르겠어."

결혼 5년차인 친구 A는 평범한 맞벌이 부부다. 결혼할 때만 해도 각자의 자율성을 존중해 남편과 따로 돈 관리를 해왔다. 친구들보다 비교적 일찍 결혼해 자리를 잡았기 때문에 지금쯤이면 자산이 모였을 법도 한데, 그녀는 결혼생활 5년이 넘도록 모은 돈이 얼마 없다고 고백했다. 딱히 과소비를 하는 타입도 아니고 부부 사이도 원만하지만, 서로 얼마를 벌고 쓰고 모으는지 알 수 없어 재무 관련 대화는 일체 하지 않는다고 했다. 곧 있으면 아이까지 태어나는데 이대로는 안 되겠다 싶어 남편과 통장을 합치고 싶어 했다.

문제는, 그녀와 달리 남편은 여전히 돈 관리를 함께 할 생각이 없다는 것이다. 아내가 몇 차례 경제권을 달라고 요구했지만 그럴 때마다 그의 반응은 시큰둥했다. 달래도 보고 화도 내 봤지만 도통 이유를 알 수 없어 답답하다고 했다. 자신은 모은 돈이 얼마 없으니 남편이라도 많이 모았기를 바랄 뿐이라고 반쯤 포기한 상태로 하소연했다.

결혼해도 배우자가 월급을 공개하지 않거나 경제권을 넘기길 꺼려하는 경우가 있다. 파고들면 이유는 수십 가지다. 자신이 번 돈을 자유롭게 쓰고 싶어서, 월급이 너무 적거나 혹은 많아서 공개하는 게 싫거나, 말 못할 부채가 있을 때…. 그러나 꽤 많은 부부들이 상대에게 경제권을 넘기지 않는 이유로 '배우자에게 맡기기 불안해서'라고 말한다. 자신이 가계를 주도적으로 관리할 자신은 없지만 그렇다고 상대가 딱히 경제관념이 있어 보이지도 않는다. 이럴 땐 현상유지를 하는 것이 낫다고 생각해 각자 관리하기를 고집한다.

친구 부부의 경우도 근본적인 문제는 서로에 대한 경제적 신뢰감이 없다는 것이었다. 그녀에겐 아픈 얘기지만, 내가 남편이라도 당장 아내에게 가계를 온전히 맡기기는 어려울 것 같았다. 평소 그녀는 적극적으로 소비를 통제하고 저축하는 타입이 아니었다. 물건을 살 땐 브랜드 상품을 고집했고, 인테리어 소품에도 관심이 많았다. 그렇다고 남편이 재테크에 관심이 많은 사람도 아니었다. 아내의 생일에 100만 원이 넘는 고가의 가방을 카드 할부로 긁을 만큼 기분파였고, 주말에는 카페 투어를 즐겼다. 내가 보기에 두 사람의 경제관념은 비슷했는데, 오히려 이러한 점이 경제권 문제를 해결하지 못하는 요인 같았다.

부부가 경제권을 논할 때 한 사람이 월등히 뛰어나다면 문제가 안 된다. 오히려 두 사람의 경제관념이 비등할 때 갈등이 발생한다. 서로를 아무리 믿고 사랑해도 경제의 주도권을 넘겨주는 것에 대해서는 불안한 마음이 생긴다. 이럴 땐 가슴에 손을 얹고 스스로에게 냉정하게 물어봐야 한다. 내가 만약 상대방이라면 지금의 나에게 경제권을 넘길 수 있을지에 대해. 이 질문에 명쾌한 답이 나온다면 경제권을 갖는 것이 맞고, 그렇지 않다면 상대에게 힘을 실어주는 것이 낫다.

만약 스스로 경제관념도 있고 저축하고자 하는 의지도 있는데 배우자가 협조하지 않는다면 먼저 공부하고 노력하는 모습을 보여주자. 꼼꼼하게 가계부를 기록하며 월마다 배우자에게 자산 내역을 브리핑하고, 도움이 되는 경제 뉴스나 투자 정보가 있을 때마다 수시로 공유하며 신뢰감을 쌓는 것이다. 막연히 머리로 아는 것과 객관적인 데이터나 수치를 통해 직접 확인하는 것은 다르다. 아무리 경제권을 넘겨주는 데 불신이 있는 사람이라도 배우자가 구체적인 목표와 플랜을 제시하며 적극적인 모습을 보이면 마음이 움직이기 시작한다. 저축 통장을 배우자 명의로 만드는 것도 도움이 된다.

이러한 과정 없이 무작정 배우자에게 경제권을 넘기라고 요구하면 반발심이 생길 수밖에 없다. 내가 강요해서 얻는 경제권은 큰 의미가 없다. 배우자가 인정하는 경제권이어야 부부가 뜻을 모아 자산을 불리고, 상대도 믿고 따라올 수 있다.

우리 집 경제권은 내가 갖고 있다. 남편보다 경제관념이 있는 데다 재테크와 투자에도 관심이 많기 때문이다. 재테크 에디터라는 직업의 특성상 꾸준히 돈 공부를 하고 정보를 수집하는 데도 익숙한 편이다. 반면, 남편은 소비를 통제할 줄 아는 검소한 타입이지만, 가계부를 꼼꼼하게 기록하거나 투자에 적극적으로 나서는 데 어려움을 느낀다. 그래서 우리 부부는 별다른 갈등 없이 내가 경제권을 갖게 된 케이스다. 좀 더 정확히 표현하자면, 경제권을 달라고 요구하기도 전에 남편이 먼저 통장을 맡겼다고 해야 옳다. 문득 궁금해졌다. 남들은 갖고 싶어서 안달인 경제권을 왜 내게 덥석 넘겨 주었는지에 대해.

"자기는 왜 나한테 경제권을 넘긴 거야? 달라고 한 적도 없었는데 말야."

"나보다 훨씬 재테크에 관심이 많아 보여서."

"자기도 돈에 관심은 있잖아."

"자기가 이것저것 알아보고 공부하는 모습 보니까 내가 관리하는 것보다 잘하겠다는 믿음이 생기더라고. 나라면 그렇게 까진 못했을 거야."

생각보다 남자들은 단순하다. 아내가 자신보다 재테크에 관심이 많고 열심히 한다고 생각하면 기꺼이 믿고 맡길 준비가 되어 있다. 돌이켜보면 남편은 경제권을 넘긴 이후 나를 전적으로 신뢰하고 있었다. 그 믿음은 내게 강력한 동기부여를 주고, 열심히 돈 관리를 하는 힘이 된다.

경제권을 두고 좀처럼 배우자와 합의점을 찾지 못한다면, 혹은 신혼 초 경제권을 확실하게 잡고 싶다면 배우자에게 먼저 신뢰를 얻자. 배우자의 온전한 믿음과 응원을 바탕으로 한 경제권은 부부의 경제적 자립을 한층 앞당기는 원동력이 된다.

# 맞벌이 신혼부부를 위한
# 현실적인 통장쪼개기

결혼과 동시에 경제권을 쥐게 된 내가 가장 먼저 한 일은 '통장쪼개기'였다. 여기서 통장쪼개기란 지출 목적에 따라 통장을 여러 개로 나누고 매달 일정금액을 이체해 관리하는 방법이다. 한 통장에서 모든 자산을 관리하면 돈이 들어오고 나가는 과정을 한눈에 파악하기 어렵지만, 목적에 따라 여러 통장으로 쪼개어 관리하면 자산의 흐름이 한눈에 보인다. 이렇게 돈에 꼬리표를 달아주면 가계부를 쓸 때도 한결 수월하다.

수많은 전문가들이 강조하는 통장쪼개기의 정석은 급여통장, 생활비통장, 투자통장, 비상금통장 4개로 쪼개어 관리하는 것이다. 필요에 따라 자신이 원하는 통장을 더 추가할 수도 있다. 목적이 분명한 돈인 만큼 손대기 쉽지 않으므로, 불어나는 통장 개수만큼 저축의지가 샘솟고 종잣돈 마련에 탄력이 붙는다.

그러나 지난 2년 넘게 통장관리를 하면서 맞벌이 부부에게 통장
쪼개기가 다소 제약이 따른다는 사실을 알게 되었다. 통장쪼개기의
가장 큰 단점은 부부 중 한 사람의 통장으로 모든 돈을 관리하기가
어렵다는 점이다. 외벌이라면 경제활동을 하는 한 사람의 명의로 통
장쪼개기를 하고, 신용카드와 체크카드를 연계해 배우자가 함께 사
용하면 된다. 각종 금융상품도 계약자 한 사람 명의로 가입하고 한
통장에서 납입액이 빠져나가도록 하면 그만이다.

그러나 맞벌이의 경우, 한 사람 명의로 통장을 관리하기란 꽤 번
거롭다. 결혼하기 전까지 각자의 명의로 금융상품과 신용(체크)카드
를 사용했고 이와 연계된 계좌에서 요금이 빠져나가고 있는데, 결혼
과 동시에 이 모든 것을 한 사람의 통장으로 옮기는 게 사실상 쉽지
않다. 하나의 통장에 가족카드를 만들어 함께 사용하는 부부도 있지
만 이 또한 한 사람에게만 실적이 쌓이므로 모든 통장에 적용시키기
가 힘들다.

한 사람에게 지출을 몰아주는 것이 절세에 있어 옳은 셈법도 아
니다. 부부가 각각 가입한 보험, 연금, 청약 등은 연말정산 세액공제
혜택이 있고, 신용카드와 체크카드 역시 연 소득의 일정액 이상 사
용할 경우 소득공제 혜택을 볼 수 있다. 이를 무시하고 소득이 적거
나, 소득이 많은 한 사람에게 지출을 몰아주면 나머지 배우자는 매

년 적지 않은 세금을 토해내야 한다.

그래서 맞벌이인 우리 부부는 통장쪼개기에도 약간의 변형을 주고 있다. 아내의 통장과 남편의 통장을 절반씩 활용해 통장쪼개기를 하는 것이다. 통장을 급여통장, 고정지출통장, 변동지출통장, 비상금·투자통장 4개로 관리하되, 아내의 통장은 고정지출통장과 변동지출통장으로, 남편의 통장은 비상금·투자통장으로 활용한다. 통장을 많이 쪼개지 않는 이유는 한 사람에게 지출을 몰아줄 수 없는 맞벌이 부부의 특성상, 돈의 입출입 체계를 단순화하기 위해서다.

## 급여통장
## 부부가 각자 소유

통장쪼개기를 하기 전, 부부의 월급이 임시로 머무는 통장이다. 매달 20~21일은 나와 신랑의 월급일이다. 각자의 급여통장에 입금된 월급을 갖고 있다가 말일이 되면 남편이 아내의 급여통장으로 본인의 월급을 이체한다. 한데 모아진 월급은 한 달 예산에 맞춰 다시 고정지출통장, 변동지출통장, 비상금·투자통장으로 배분한다. 예를 들어, 부부의 소득이 500만 원이라면 이 중 고정지출통장에 300만 원, 변동지출통장에 150만 원, 비상금통장에 50만 원을 이체한다. 매달 벌어들이는 근로소득과 부수입 등에 따라 각각의 통장에 이체하는 금액이 달라진다.

## 고정지출 통장
## 아내 통장으로 관리

생활비 가운데 매달 고정적으로 빠져나가는 관리비, 보험료, 공과금, 대출이자, 통신비 등을 관리하는 통장이다. 숨만 쉬어도 나가는 돈이기 때문에 줄일 여지는 많이 없지만, 예측 가능한 비용이라 관리는 어렵지 않다. 매월 1일 해당 금액을 이체해두면 한 달 동안 자동이체 건들이 빠져나가 말일이면 잔액이 0원이 된다. 저축 또한 별도의 통장을 만들지 않고 고정지출통장에서 자동이체로 빠져나가게 한다. 요새는 모바일을 통해 자신이 가입한 저축상품과 청약, 연금 등을 손쉽게 확인할 수 있다.

한 가지 특이사항이라면, 고정지출 가운데 남편 명의로 빠져나가는 보험료와 통신비는 매달 초 남편의 용돈 통장으로 미리 이체한다. 맞벌이 부부인 만큼, 카드실적 및 연말정산 혜택을 고려한 조치다.


## 변동지출 통장
## 아내 통장으로 관리

가계 상황에 따라 변동성을 띄는 식비, 생활용품, 품위유지비, 여행, 자기계발비 등을 관리하는 통장이다. 지출관리를 어떻게 하느냐에 따라 줄일 수 있는 여지가 많기 때문에 가장 공들여 관리하는 통장이다. 이 통장에서 변동지출을 줄인 만큼 저축률이 높아진다.

변동지출통장은 아내의 통장을 사용하기 때문에 지출 역시 아내인 내가 더 많이 한다. 그러나 필요에 따라 남편도 자신의 카드로 자동차, 외식비 등을 지출한다. 지출이 발생하면 주 1회 간격으로 남편이 자신의 지출내역을 기록한 뒤 가계부에 반영할 수 있도록 알려준다. 그리고 가계부 월말정산 때 해당 금액만큼 변동지출통장에서 남편의 통장으로 이체한다. 변동지출통장에서 남은 금액은 잉여자산이 되고, 고스란히 비상금통장으로 넘어간다.

우리 집의 경우, 생활비통장을 고정지출통장과 변동지출통장 2개로 관리하고 있지만 번거롭다면 하나만 있어도 무방하다. 어차피 고정지출은 매달 말일이면 통장에서 다 빠져나가는 지출이므로, 변동지출만 집중 관리해도 통장쪼개기 효과는 유지된다.

## 비상금·투자통장 남편 통장으로 관리

부부의 월 소득에서 저축과 생활비를 뺀 잉여자금을 한데 모아놓은 통장이다. 변동지출을 얼마나 아끼느냐에 따라 매달 잉여자금 규모가 달라진다. 비상금통장은 대출이 없는 가정이라면 예금통장이나 CMA통장을 활용하면 되고, 우리 부부처럼 마이너스통장을 이용 중이라면 평소엔 마이너스통장에 넣어 이자를 줄이는 용도로 사용했다가 급할 때 한도 내에서 비상금으로 사용하면 된다.

단, 마이너스통장을 겸한 비상금통장은 가계 자산을 기록할 때 한도 전체를 신용대출로 잡아야 한다. 예를 들어, 마이너스통장 한도가 5,000만 원인데 이 중 비상금으로 1,000만 원을 채워 잔액이 4,000만 원이라면, 가계부에는 신용대출 5,000만 원을 빚으로 잡고, 1,000만 원을 비상금으로 표시하는 것이다. 그래야만 빚과 비상금을 명확히 구분할 수 있다.

비상금은 월 생활비의 3~6배 이상 쌓아두는 게 원칙이다. 갑자기 소득이 끊기거나 경력단절이 되더라도 6개월 정도는 비상금으로 생활비를 방어할 수 있도록 하기 위해서다. 현재 우리 집 비상금은 1,000만~1,500만 원 수준을 유지하고 있으며, 일정 금액 이상 채워지면 대출을 갚거나 투자에 활용하고 있다.

통장쪼개기는 부부의 생활방식에 따라 얼마든지 형태가 달라질 수 있다. 우리 부부의 사례를 참고삼아 최대한 관리하기 쉬운 방법으로, 동시에 카드 혜택과 연말정산 혜택을 챙길 수 있도록 통장을 쪼개어 보길 바란다.

결혼 1년차, 지출 잡는 똑똑한 가계 운영법

# 초간단
# 가계부 작성법


가계부를 왜 써야 할까? 싱글 시절, 처음 가계부를 쓰기로 마음 먹었을 때 던진 질문이다. 모은 돈도 없고, 그렇다고 흐지부지 쓴 돈으로 뭔가를 거창하게 한 것도 아니었고, 결혼은 해야 하는데 좀처럼 돈이 모이질 않으니 가계부를 쓰면 자연스럽게 돈이 쌓일 거라고 생각했다. 4년째 가계부를 쓰면서 내린 결론은 가계부만 쓴다고 해서 돈이 모이지 않는다는 것이다. 돈의 흐름을 제대로 꿰고 있고 꾸준히 소득을 늘리는 사람은 가계부를 쓰지 않아도 제법 종잣돈을 모은다. 반면, 몇 년째 꾸준히 가계부를 써도 자산이 그대로인 사람이 수두룩하다. 가계부를 습관적으로 쓰는 것보다 제대로 쓰는 것이 중요한 이유다.

내가 가계부를 쓰는 첫 번째 이유는, 소비 행태를 객관적으로 보기 위해서다. 사람은 망각의 동물이라서 실제 자신이 쓴 돈보다 적게 썼다고 착각하기 쉽다. 핸드폰에 날아든 카드내역서를 보고 '뭔가 잘못됐다'며 놀라는 경우가 어디 한두 번인가. 사람의 뇌는 금전적 손해에 대한 두려움을 회피하려는 본능이 있다고 한다. 그래서 지출 시 눈에 보이는 현금보다 카드를 선호한다. 뇌가 무감각해지기 때문이다. 이러한 상황에서 가계부마저 멀리 한다면 생활비는 늘 내가 예상한 것보다 마이너스일 수밖에 없다.

두 번째, 우리 집 현금흐름을 파악하기 위해서다. 근로계약서에 기재된 내 연봉 말고 실제 세금을 뗀 후 통장에 꽂히는 월급이 얼마인지, 이 중 얼마를 저축하고 얼마를 생활비로 쓰고 있는지 대략적인 그림을 그리고 싶었다. 몇 개월간 성실하게 기록하면 굳이 외우지 않아도 돈의 흐름이 머릿속에 잡히기 시작하는데, 이 정도만 되도 가계부를 자주 쓰지 않아도 된다.

세 번째, 돈에 대한 애정이 있기 때문이다. 가계부를 쓰는 사람이 그렇지 않은 사람보다 비교적 저축률이 높은 이유는 그만큼 돈의 소중함을 잘 알기 때문이다. 가계부 쓰기를 중도 포기하는 사람은 게으른 사람이 아니라 돈에 관심이 적거나 큰 가치를 두지 않는 사람일 가능성이 크다. 반면, 돈에 애정이 있는 사람은 자신에게 찾아온 돈을 좀 더 불리고 싶은 마음이 간절하다. 시간이 지날수록 자산 규모에 차이가 생길 수밖에 없다.

우리 부부는 돈에 대한 애정은 크지만 소비를 통제하는 능력은 완벽하지 않으므로 가계부의 도움을 받아 자산을 불리고 있다. 그리고 이것은 꽤 효과적이다. 나는 가계부 쓰기에 많은 시간을 할애하지 않는다. 매일 꼬박꼬박 기록하지도 않는다. 그럼에도 불구하고 매달 저축률 60~70%를 넘나들며 지금껏 단 한 번의 포기 없이 가계부를 써왔다. 쉽고 단순하지만 효과는 제대로 누릴 수 있는 가계부 쓰기 노하우 5가지를 공유한다.

| 노하우 1 | 항목별 예산 세우기

가계부를 쓰기에 앞서 항목별로 한 달 예산을 먼저 세운다. 지출 성격에 따라 저축성지출, 고정지출, 변동지출 3가지로 나눈다. 소득의 50%는 무조건 저축하고 나머지 50%에서 예산을 세운다.

고정지출 항목에는 관리비, 대출이자, 통신비, 자동차, 보험료 등이 포함된다. 매달 빠져나가므로 한 번 예산을 세워두면 큰 변동이 없다. 반면, 식비, 품위유지비, 생활용품, 자기계발, 여행, 경조사비는 변동지출로 분류한다. 마음먹기에 따라 얼마든지 줄일 수 있기 때문에 지출관리에 특히나 신경 써야 한다.

맞벌이 신혼부부이자, 곧 아이가 태어나는 우리 집의 항목별 월 평균 예산은 다음과 같다(저축성 제외). 가계 이벤트에 따라 예산이 늘어나기도 줄어들기도 하지만, 대략적인 예산은 늘 머릿속에 그려놓

| 우리 집 한 달 고정지출 | |
| --- | --- |
| 주거 | 80만 원(관리비, 도시가스, 대출이자, 수리청소비 등) |
| 자동차 | 15만 원(보험료, 세금 포함) |
| 통신비 | 8만 원(스마트폰, 인터넷) |
| 보험료 | 46만 원(부부, 자녀) |
| 부부용돈 | 60만 원(맞벌이 2인 점심식대, 교통비 포함) |

| 우리 집 한 달 변동지출 | | | |
| --- | --- | --- | --- |
| 식비 | 40만 원(외식 포함) | 건강 | 5만 원 |
| 생활용품 | 5만 원 | 여행 | 25만 원 |
| 품위유지비 | 10~15만 원(의복, 미용) | 경조사 | 30만 원 |
| 자기계발 | 10만 원 | 반려견 | 5만 원 |

고 있다.

 이렇게 항목별로 필요한 예산을 배분하면 '이번 달은 생활비로 000만 원 나가겠구나'하고 예상할 수 있다. 만약 이번 달 소득이 적거나 고정지출이 늘어나 강제 저축(50%)이 어려운 상황이라면 필수 생활비를 제외한 변동지출 항목에서 예산을 확 줄인다. 큰 경조 사비가 드는 가족행사나 세금, 여행 등이 예정된 달에도 마찬가지다. 일례로, 남편의 한 달 용돈은 30만 원이지만 2박 3일 여행이 예정된 달에는 3일치 용돈을 일할 차감해 27만 원으로 줄인다.

가계부를 처음 쓰는 상황이라 항목별로 예산을 책정하기 어렵다면, 최근 3개월간 카드고지서를 뽑아 항목별로 얼마를 쓰는지 확인하자. 3개월간 총 지출금액을 1/3로 나누면 월 평균금액이 나온다. 첫 달 예산은 이걸 기준으로 삼는다.

│ 노하우 2 │ 쉽고, 간단하게 묶어서 쓰기

가계부를 처음 작성할 때는 무조건 쉽게 쓰고, 간단하게 쓰고, 상위 항목으로 묶어서 썼다. 요새는 좀 더 내용을 풀어 쓸 때도 있지만, 여전히 장을 볼 때는 'ㅇㅇ마트' 한 단어로 쓰는 것이 전부다.

내가 가계부를 쓰는 이유는 바나나 값이 얼마이고, 참기름 값이 얼마인지를 알고 싶어서가 아니라 한 달에 식비로 얼마를 쓰는지, 지난달보다 식비가 얼마나 늘었는지 줄었는지, 생활비에서 식비가 차지하는 비중이 얼마인지를 알고 싶어서다. 그래서 세부 항목은 일

**간단하게 쓴 가계부 예시**

| 바나나, 시금치, 참외, 토마토, 참기름 | → | ㅇㅇ마트 장보기 4만 원 |
| 강아지 간식 3개, 사료 1kg, 패드 | → | 반려용품 2만 원 |
| 영화예매권, 팝콘세트 | → | 영화관 3만 원 |

체 생략하고, 상위 항목만 기록한다. 가계부 쓰기가 익숙해지면 몰라도, 처음부터 세세하게 기록하는 데 공을 들이면 귀찮아서 금세 관둔다. 형식에 얽매이지 말고, 스스로만 알아볼 수 있게 쉽게 써보자. 포기하지만 않으면 금방 습관이 된다.

## | 노하우3 | 일주일에 1~2회만 쓰기

나는 가계부를 일주일에 한 번만 쓴다. 많은 전문가들이 가계부를 하루 5분이라도 매일 쓰라고 강조하지만, 사람마다 혹은 가정상황에 따라 얼마든지 조절할 수 있다고 생각한다. 결혼 후 주 1회 쓰기만으로도 지금까지 잘 유지해오고 있으니 믿고 따라 해도 좋다.

우리는 맞벌이 부부라서 평일엔 회사생활에 필요한 지출을 각자의 용돈으로 충당한다. 가계부에는 매월 초 딱 한 번 '부부용돈 60만 원'을 기록할 뿐이다. 한 달간 각자 지출하는 점심 식대와 교통비, 모임비 등은 독립적으로 관리하기 때문에 별도로 가계부에 기록하지 않는다. 또한 평일에는 주 2~3회 정도 저녁을 함께 하는데 이때는 필요한 과일만 구매하고 요리는 주말에 사다 놓은 식재료로 준비한다. 따라서 우리 부부의 소비가 집중되는 날은 금요일 저녁~일요일까지다. 3일간의 지출이 대부분이므로 나는 일요일 밤에 가계부를 쓴다. 주 1회 기록만으로도 전혀 무리가 없다. 단, 평일에 지출이 꽤 일어난 주에는 평일 1회, 주말 1회 가계부를 쓴다.

평일에 소비가 잦은 맞벌이 부부라면 주 2회 기록하고, 외벌이 부부라도 소비패턴이 뜸하면 주 1회도 괜찮다. 반드시 일주일에 한 번만 기록하라는 것이 아니라, 가정상황에 따라 기록 횟수를 조절해도 된다는 의미다. 가계부는 스트레스 없이 꾸준히 쓰는 것이 최고다. 처음엔 기록하기에 급급해도 어느 샌가 월말정산, 연말정산, 누적자산까지 뜯어 고치고 있는 나를 발견할 수 있다. 자주 쓰지 않아도 가계부 효과를 누릴 수 있다.

| 노하우 4 | 부부가 함께 쓰기

가계부는 아내인 내가 주도적으로 관리하지만 생활비 중 일부 항목은 남편도 함께 쓴다. 맞벌이 부부인 만큼, 현실적으로 한 사람의 카드나 현금만으로 생활비 전체를 책임질 수 없기 때문이다. 연말정산을 고려해 카드사용량도 적절히 배분해야 하는데, 아내 혼자서 남편의 지출액까지 파악하기란 불가능에 가깝다.

우리 집은 생활비 가운데 외식비, 경조사비, 자동차 관련 지출은 남편 카드로 결제하는 경우가 많다. 지출이 일어날 때마다 남편은 지출 상황을 핸드폰에 간략히 기록하고, 내가 가계부를 쓰는 주말 저녁에 자신이 기록한 화면을 보여준다. 이 자체만으로도 가계부에 대한 배우자의 애착을 높여주고 가계에 일조한다는 뿌듯함을 느끼게 한다.

갓 결혼한 여자의 재테크

가계부를 쓰는 데도 도통 효과가 없다는 사람들, 바로 월말정산을 안 해서다. 내가 월초에 세운 계획대로 소비를 했는지, 항목별로 초과한 예산은 없는지, 초과했다면 왜 무엇이 내 지갑을 열게 했는지 단 10분만이라도 칭찬과 반성하는 시간을 가져야 한다. 나도 결혼 전 가계부를 처음 쓸 때는 아무것도 모르고 작성만 했다. 한 달간 실컷 기록해도 도통 소비가 줄지 않아 '가계부만 쓰면 돈이 모인다더니' 하며 푸념했던 기억이 난다. 정산을 하지 않고 가계부만 쓰는 것은 노동에 지나지 않는다.

가계부 정산에 어려움을 호소하는 사람들이 있는데, 사실 거창할 게 없다. 나의 경우, 매달 블로그에 가계부를 올려 저축률이 얼마인지, 어디에 얼마를 지출했는지, 과소비는 없었는지 평가하고 있지만, 이는 '10억 모으기'라는 1차적 목표를 이뤄가는 과정을 기록하기 위한 것이므로 따라할 필요는 없다. 그냥 집에서 가계부를 펴놓고 항목을 찬찬히 훑어보면서 배우자와 함께 이야기를 나누면 된다.

"이번 달은 외식이 잦았네. 예산보다 5만 원이나 초과했어. 다음 달엔 좀 줄이자."

"품위유지비를 생각보다 덜 썼네. 저번에 사려던 원피스 안 사길 잘했다."

"악! 택시비가 무슨 5만 원이나! 앞으로 5분만 더 일찍 일어나야

겠어!"

예산안에서 잘 소비한 항목은 칭찬하고, 초과된 항목은 반성하면 된다. 그리고 다음 달 예산을 짤 때 이를 토대로 항목별 예산을 조절하면 된다. 이 과정은 15분이면 족하다.

거창하게 썼지만, 사실 가계부 쓰기에 정답은 없다. 내가 실행한 방법으로 효과를 본다면 그게 곧 정답이므로, 자신이 가장 쉽게 기록할 수 있고 꾸준하게 쓸 수 있는 방법이면 된다. 그 과정에서 나의 가계부 쓰기 노하우가 조금이나마 도움이 되길 바랄 뿐이다.

처음엔 단순히 돈을 아껴보고자 쓰기 시작했던 가계부가 이제는 우리 부부의 지난 흔적과 추억이 고스란히 깃든 돈의 일기가 되었다. 이 책을 읽는 당신도, 오늘 하루는 지난 한 달간의 기록과 마주하는 용기를 내어 보시길.

# 결혼 전 가입한 금융상품
# 리모델링하기

　사회생활을 시작함과 동시에 적금이나 보험, 연금, 청약통장, 펀드 등 금융상품을 접할 기회가 많아진다. 재테크에 관심이 많아 스스로 알아보고 가입한 사람도 있겠지만, 지인의 권유로 혹은 인기상품이라는 이유로 별 생각 없이 가입한 사람도 적지 않다. 은행에 맡긴 예·적금을 제외하면, 자신이 가입한 상품이 얼마 동안, 어디에, 어떤 방식으로 운용되는지 정확히 아는 경우가 많지 않은 이유다.

　특히, 보험 등 일부 금융상품은 결혼 전 부모님이 대신 관리해주는 경우가 꽤 많다. 나 역시 결혼 전에는 내 명의의 보험을 친정엄마가 관리했고, 신랑 역시 부모님이 실비보험료를 대신 내주셨다. 사회생활을 시작하기도 전에 부모님이 준비해둔 것들이어서, 우리 둘다 어떤 상품에 가입되어 있는지, 매달 들어가는 보험료가 얼마인지 몰랐다. 내 통장에서 직접적으로 빠져나가는 돈이 아니었기 때문에 관심이 없었다고 보는 게 맞을 것이다.

그러나 결혼은 독립해 두 사람이 새로운 가족을 만드는 과정이다. 지금까지 부모에게 의존했던 금융상품이나 지인의 권유로 덜컥 가입했다 내버려 둔 금융상품을 한데 모아 정리할 필요가 있다. 아깝다는 이유로 결혼 전 가입상품에 계속 돈을 쏟아붓는 것은 나뿐만 아니라 상대에게도 큰 부담이 될 수 있다. 무엇보다 금융상품은 결혼 후 부부가 함께 부담해야 할 고정지출이기 때문에 과할 경우 저축이 어려워진다. 그만큼 소득이 받쳐주면 상관없겠지만 한 사람이 직장을 그만두거나 일시적 외벌이가 될 경우 생활비에서 차지하는 고정지출이 그만큼 커진다.

결혼 전 나의 보험상품은 종합보험 2개와 실비보험 1개였다. 3개의 보험에 무려 50만 원이 넘는 돈이 나갔다. 반면 신랑은 6만 원짜리 실비보험 하나가 전부였다. 보험료만 단순 비교하면 내가 10배 가까이 많은 셈이었다. 납입한 기간도 달랐다. 나는 부모님이 10년 가까이 납부하신 덕분에 향후 부담해야 할 총 보험료가 적었지만, 신랑은 종합보험에 새로 가입할 경우 앞으로 20년간 보험료를 내야 했다.

무엇보다 남편에게는 종신보험이 없었다. 종신보험은 경제활동을 하는 가장이 사망할 경우 남은 가족들의 생계보전을 대비한 상품

갓 결혼한 여자의 재테크

이다. 책임질 가족이 없는 싱글이나 경제활동을 하지 않는 주부보다 기혼 남성에게 필요하다. 반면, 나는 일찌감치 종신보험에 가입돼 있었고 사망보험금이 5억 원에 달했다. 뭔가 바뀌어도 한참 바뀐 상황이었다. 나는 소득 대비 보험료가 과했고, 신랑은 부족한 보장이 많았다. 보험 리모델링이 필요했다.

일단 나는 상품별로 중복되는 보장이 많았다. 가장 가성비가 떨어지는 1개 상품을 해지하고, 가입한 지 오래되어 비교적 혜택이 큰 상품은 그대로 두기로 했다. 남편은 종신보험에 새로 가입했다. 사망보험금이 넉넉한 상품은 보험료가 비쌌기 때문에, 경제활동이 예상되는 만 70세까지 사망보험금이 크고 이후엔 보험금이 줄도록 설정해 납입보험료 부담을 줄였다. 부족한 보장은 선택특약으로 보완했다. 이렇게 리모델링을 통해 부부가 부담해야 할 총 보험료는 리모델링 전보다 15만 원 이상 줄었다.

이 과정에서 '해지하기 아깝다'는 엄마를 설득하는 과정이 쉽지 않았지만, 그간 낸 보험료가 아까워 유지했다면 매달 무리한 보험료를 내느라 자산이 늘어나는 데 분명 한계가 있었을 것이다. 일정 부분 손해를 감수하더라도 꼭 필요한 보험 위주로 남기고 총 보험료를 줄인 것은 합리적인 선택이라고 생각한다.

현재 보험료는 월 40만 원대를 유지하고 있다. 사망과 암, 뇌출혈 등 주요 질병을 보장하는 종합보험 2개와 실비보험 2개, 자녀의 어린이보험까지 총 5개를 보유 중이다. 보험이라는 것은 각종 사고를 대비하는 상품이므로 가입자의 성향이나 가족력 등에 따라 구성이 달라질 수 있다.

과도한 보험과 달리, 일찌감치 가입해 득이 된 금융상품도 있다. 대표적인 것이 개인연금이다. 개인연금은 최소 가입기간이 10년 이상이기 때문에 보통 결혼 전 만기가 되는 경우는 거의 없다. 그렇다 보니 결혼과 동시에 부부를 위한 두둑한 노후자금이 된다.

나는 결혼 전 개인연금 2개와 퇴직연금 계좌가 있었고, 신랑은 공무원연금과 별도로 개인연금 2개를 추가로 가입한 상태였다. 나는 매달 40만 원, 남편은 30만 원 붓고 있었는데 신혼 초 확인해보니 두 사람의 누적 적립금이 총 2,000만 원을 넘었다. 당장 현금으로 융통할 수는 없지만, 결혼과 동시에 부부의 자산이 되기 때문에 마음이 그렇게 든든할 수가 없다.

미래를 대비한 노후자금이라도 비용이 과했다면 리모델링할 생각이었지만, 총 납입액이 두 사람 소득의 10%를 넘지 않았기에 결혼 후에도 납입을 이어가고 있다. 싱글 때만 해도 '결혼도 안 했는데 이렇게 일찍 노후준비를 할 필요가 있을까?' 싶었는데 결혼 후에는 '미리 준비해서 다행이다'로 마음이 바뀌게 됐다. 일찍 준비한 배우자에게 고맙고, 꾸준히 납입해 온 내가 기특하다. 마음의 여유는 덤이다.

내 집 마련을 위한 청약통장도 각각 하나씩 보유하고 있었다. 청약저축은 납입기간이 길수록 당첨에 유리하기 때문에 내 집 마련 시기를 앞당기는 효과가 있다. 나는 매달 2만 원씩 3년째 넣고 있었고 신랑은 7년 전 가입한 청약통장에 200만 원이 쌓여 있었다. 나보다 납입기간이 길고 납입액도 큰 신랑의 청약통장을 향후 주택청약 시 활용하기로 했다. 다만, 그가 가입한 상품은 수도권 지역에서만 청약이 가능한 통장이었기 때문에, 서울을 포함한 모든 지역에서 1순위 자격을 얻기 위해 100만 원을 추가로 채웠다. 내가 보유한 청약통장은 비상금 명목으로 유지하기로 했다.

물론, 우리는 일반매매로 집을 장만했기 때문에 청약통장을 사용하지 못했다. 1순위 자격은 충족했지만 무주택 기간, 자녀 수 등에서 가점을 받기 어려웠다. 그러나 청약통장은 연말정산 소득공제 혜택을 받을 수 있고 언제 해지해도 원금과 이자를 챙길 수 있다. 지금이야 1주택자이지만 향후 상황이 바뀌어 청약을 신청하게 될지도 모를 일이다. 그래서 우리 부부는 현재까지 청약통장을 해지하지 않고 보유 중이다. 참고로 신혼부부의 금융상품을 리모델링할 때 전문가들이 권고하는 사항은 다음과 같다.

1 보장성 보험료는 월 소득의 10%를 넘지 않는다.
2 연금 등 노후대비 상품은 소득의 10~15% 수준으로 준비한다.

3 보장이 중복되는 보험이 있다면, 보장성 보험보다 저축성 보험을, 오래된 보험보다 최근 가입한 보험을 먼저 해약하는 것이 유리하다.

4 가입 기간이 오래된 상품일수록 혜택이 많으므로, 무턱대고 해지한 뒤 새로 가입하기보다는 기존 보험에 부족한 보장을 추가한다.

5 부부의 생애주기 목표에 따라 금융상품의 우선순위를 정하고, 전문가 상담을 거쳐 리모델링한다.

금융상품 리모델링은 가급적 빨리, 늦어도 결혼 1년 안에 하는 편이 좋다. 결혼 전 필요했던 상품과 결혼 후 필요한 상품이 다를 수있고, 의외로 쓸데없는 지출로 이어지는 상품도 많기 때문이다. 혼자 벌어 혼자 쓸 때는 큰 문제가 없던 금융상품도 결혼 후에는 배우자에게 부담이 될 수 있다. 부부의 생애주기에 맞춰 꼭 필요한 상품은 남기고, 부족한 보장은 채우며, 가성비가 떨어지는 보험은 해지하거나 보완하자.

# 갈등 없이
# 용돈 정하는 법

    맞벌이라면 누구나 직장생활에 필요한 최소한의 용돈을 쓴다. 매달 정해진 용돈 내에서 생활하는 부부가 있는가 하면, 그때그때 필요한 만큼 생활비에서 충당하는 부부도 있다. 어떤 집은 월급이 많다는 이유로 한쪽 배우자가 지나치게 많은 용돈을 쓰기도 하고, 전업주부라는 이유로 용돈이 아예 없는 경우도 있다.

    용돈의 범위를 어디까지 볼 것인가도 집마다 다르다. 직장생활에 필요한 교통비와 점심식대만 용돈으로 책정하는 경우도 있고, 기호식품인 담뱃값과 커피값, 의류비까지 용돈으로 보는 경우도 있다. 이처럼 부부 용돈은 가계 상황에 따라 천차만별이어서 적게는 월 10만 원, 많게는 월 100만 원까지 그 규모가 다르다. 그리고 이 과정에서 많은 부부들이 적지 않은 갈등을 겪는다.

나는 부부라면 맞벌이나 외벌이와 관계없이 용돈은 공평하게 분배하고 쓰임새는 자율성을 보장해야 한다고 생각한다. 가계상황을 고려하지 않고 무조건 같은 금액을 책정하라는 것이 아니라, 두 사람의 경제활동과 생활비 수준을 고려해 서로 수긍할 수 있는 선에서 용돈을 정하는 것이다.

## 월급 많은 배우자가 용돈도 많다?

부부라고 월급이 같을 순 없다. 보통 남편의 소득이 더 높다. 그 때문인지 용돈도 보통 아내보다 남편이 더 많다. 회사 내 직급이 높아 종종 팀 회식비를 부담해야 한다거나, 외근이 잦은 특수한 상황에 놓여 있다면 부부의 합의하에 더 많이 쓸 수도 있다. 하지만 맞벌이라면 원칙적으로 고정지출을 제외한 순수용돈은 비슷해야 한다.

자본주의 사회에서 돈은 곧 권력을 의미한다. 가정이라고 예외가 아니다. 소득이 많은 자, 경제활동을 활발히 하는 자가 더 큰 목소리를 낸다. 월급이 많다는 이유로 더 많은 용돈을 요구한다. 삶의 가장 안전한 울타리이자 안식처인 가정에서도 일종의 계급이 생기는 셈이다. 가뜩이나 사회적 지위나 소득수준에 따라 계급이 나뉘는 팍팍한 사회에서 부부 사이까지 그래야만 할까? 그렇다면, 또 다른 경제활동인 집안일이나 육아는 어떻게 소득으로 환산할 수 있을까?

부부 용돈을 정하는 기준은 월급의 크기가 아니다. 가정생활의 기여도도 아니다. 직장생활에 필요한 고정지출을 근거로 정한다. 예를 들어, 남편은 영업직이라 차로 출퇴근을 해야 한다. 매달 유류비와 주차비 등으로 월 30만 원이 필수적으로 든다. 반면 아내는 대중교통을 이용하므로 월 7만 원이 든다. 두 사람의 점심 식대는 15만 원으로 동일하다고 가정하자.

이 경우, 남편은 매달 직장생활을 하는 데 최소 45만 원이 들고, 아내는 22만 원이 필요하다. 이 비용이 직장생활 고정지출이 되는 것이다. 여기에 부부가 각자 자유롭게 쓸 수 있는 순수용돈을 보태면 최종 용돈이 된다. 이 부부의 순수용돈이 15만 원이라면 두 사람의 한 달 용돈은 다음과 같다.

**남편 용돈** 고정지출 45만 원 + 순수용돈 15만 원 = 60만 원
**아내 용돈** 고정지출 22만 원 + 순수용돈 15만 원 = 37만 원

순수용돈 규모는 가계상황에 따라 더 줄일 수도, 늘릴 수도 있다. 부부가 충분한 대화를 통해 결정하면 된다. 우리 부부의 한 달 용돈은 60만 원(2인) 내외다. 직장생활을 유지하기 위해 필수적으로 들어가는 출퇴근 교통비와 점심식대, 여기에 순수용돈 10만~15만 원 상

당이 포함된 금액이다. 용돈 규모가 매달 조금씩 다른 이유는 여행이나 집안행사, 명절 등 휴가가 발생했을 때 회사에 출근하지 않는 날을 일할 계산해 용돈에서 차감하기 때문이다.

특별한 행사가 없을 때는 남편 30만 원, 아내 33만 원을 기본 용돈으로 책정한다. 아내인 내 용돈이 더 많은 이유는 점심식대에서 나의 고정지출이 더 큰 탓이다. 공무원인 남편은 회사에 구내식당이 있어 비교적 저렴한 한 끼가 가능한 데다 직무의 특성상 외부인들과 미팅이 잦아 회사비용으로 식사를 해결하는 경우가 많다.

반면 나는 회사에 구내식당이 없어 매일 점심을 밖에서 사 먹어야 하고, 회사 내 음식물 반입이 불가해 도시락을 싸는 것도 어렵다. 그래서 한 달 평균 점심식대로만 15만 원 이상을 부담한다. 출퇴근 교통비는 7만 원으로 비슷하다. 이를 토대로 한 우리 부부의 한 달 용돈은 다음과 같다.

**남편** 교통비 7만 원 + 식대 10만 원 + 순수용돈 13만 원
**아내** 교통비 7만 원 + 식대 16만 원 + 순수용돈 10만 원

원칙적으로 순수용돈은 같아야 하지만 부부 합의하에 조절 가능하다. 나의 경우 별도의 소액투자로 꾸준한 수익을 내고 있어 남편

에게 좀 더 많은 순수용돈을 부여하고 있다. 단, 모임회비, 술값, 커피값, 담뱃값 등 기호식품은 생활비가 아닌 각자의 용돈에서 해결하는 것이 원칙이다. 두 사람이 함께 참여하는 모임 회비는 생활비로 부담한다.

이때 각자의 용돈은 일절 터치하지 않는다. 부부가 상의해 용돈을 정하되 사용처에 대해서는 간섭하지 않는 것이다. 심리적 여유와 최소한의 자율성을 부여하기 위함이다. 돈을 빨리 모으기 위해서 용돈을 포함한 모든 소비에서 엄격한 통제가 이루어진다면 숨이 막힐 수밖에 없다.

공동의 목표를 향해 열심히 종잣돈을 불리되 용돈만큼은 배우자의 간섭 없이 자유롭게 쓸 수 있어야 한다. 좋아하는 취미생활을 즐기거나 용돈을 아껴 소액으로 투자를 시도하는 등 용돈을 어디에, 어떻게 쓰는지는 오롯이 개인의 자유다.


## 전업주부도
## 용돈이 필요하다

종종 재테크 커뮤니티에서 '전업주부의 용돈이 따로 없다'는 글을 본다. 필요할 때마다 생활비에서 충당한다는 것. 돈을 더 모으기 위한 고육지책으로 스스로 용돈을 포기한 케이스도 있지만, 돈을 벌지 않는다는 미안함 때문에 용돈을 쓰고 싶어도 못 쓰는 사례도 꽤 많다. 어떤 주부는 남편의 눈치가 보여 돈을 쓰고 싶어도 참고, 또 다른 주부는 커피 한 잔을 마실 때도 남편에게 검사 맡듯 쓰는 기분이라고 했다. 경제활동을 하지 않는 전업주부라는 이유에서다.

맞다. 전업주부는 직장생활을 하지 않기 때문에 매달 들어가는 필수 지출비용이 없다. 그렇다고 용돈이 없어도 되는 것은 아니다. 이들 또한 엄연히 경제활동을 한다. 다만, 돈으로 환산하기 힘들고 근로소득이 아닐 뿐이다. 어찌 주부라고 종일 집에 틀어 박혀 집안일과 육아만 하겠는가. 아이와 함께 외출을 하기도 하고, 자신만의 시간도 필요하다. 따라서 전업주부라면 고정지출은 제외하되, 자유롭게 쓸 수 있는 순수용돈만큼은 반드시 확보해야 한다.

생각해보면 결혼과 동시에 배우자 동의 없이 내 마음대로 쓸 수 있는 돈이 사실상 없다. 여기에 용돈까지 없다면? 배우자의 눈치를 보면서 티 나지 않게 생활비에서 충당하거나 소비를 억제한 채 마음의 병만 키우게 된다. 단돈 10만 원이라도 자유롭게 돈을 쓴다는 것은 즐거움을 준다. 나만을 위한 작은 사치를 즐기고 용돈을 아껴 자기계발을 하거나 소액투자도 해볼 수 있다. 소리 없이 다가오는 우울감도 날린다. 돈을 좀 더 모으겠다는 의지는 칭찬 받아 마땅하지만 배우자 간섭 없이 온전하게 누릴 수 있는 나만의 작은 행복을 포기하진 않았으면 한다. 결혼하는 순간, 우리는 가정의 행복을 위해 이미 많은 걸 감내하고 있으니까.

# 부부만의
# 돈 쓰는 원칙 세우기

우리는 소비 평준화 시대에 산다. 연봉 2,000만 원을 받는 사회초년생이나 연봉 1억 원을 받는 대기업 부장이나 꿈꾸는 집, 자동차, 여가생활은 비슷하다. 여유만 있으면 역세권에 위치한 34평 신축아파트에 살고 싶고, 폼 나는 외제차도 한 대쯤 소유하며, 1년에 한두 번은 해외여행을 꿈꾼다. 사실 마음만 먹으면 그리 어려운 일도 아니다. 당장 돈이 없어도, 월급이 적어도, 대출을 받거나 카드 할부를 이용하면 원하는 것들을 손쉽게 얻을 수 있다. 실제로 수많은 싱글들이 욜로와 탕진잼을 외치며 각박한 현실에서 힘든 자신을 위로한다.

그러나 소득은 평균에 못 미치는데 소비만 상향 평준화되어 있을 때 문제가 생긴다. 수입보다 지출이 훨씬 많은데도 '남들만큼 누려야 한다'는 자기과시와 과잉소비를 조장하는 사회 분위기에 휩쓸려 생각 없이 돈을 쓰는 경우다. 겉으로는 그럴 듯하게 보여도 실속은 없다. 미래에 대한 준비보다 현재의 만족에 집중하기 때문에 경제적 자립도 요원해질 수밖에 없다.

특히 결혼 후에는 월급이 두 배로 늘어나 소득 착시현상에 빠지기 쉽다. 지출도 과감해진다. 나 또한 결혼 후 수입이 두 배로 늘고 부수입이 생기자 금세 부자가 될 것 같은 환상에 젖었다. 당장은 책임져야 할 자녀도 없고, 월급도 둘이 버니 꽤 넉넉한 것 같고, 또 신혼이니까 조금은 여유를 부려도 될 것 같았다. 저축은 오랜 시간 인내와 희생을 요하지만, 당장의 소비는 큰 만족감을 준다. SNS만 보더라도 소득이 많든 적든, 하나같이 좋은 곳에서 좋은 음식을 먹으며 행복을 과시하고 있었다. 소비를 한다는 건 그만큼 능력 있는 사람, 인생을 즐길 줄 아는 사람이라는 착각을 불러일으키곤 했다.

## 그런데 꼭 돈을 써야만 행복한 걸까?

신혼 초에는 그랬다. 야경이 훤히 내려다보이는 스카이라운지에서 식사도 해보고, 값비싼 겨울 코트를 사며 뿌듯함에 젖었을 때도 있었다. 그러나 즐거움은 그때뿐, 감흥이 오래가지 못했다. 더 큰 만족을 얻으려면 더 강력한 자극이 필요한데 어느 순간 그런 것들에 돈을 쓰는 것이 허무하게 느껴졌다. 별다른 원칙과 기준 없이 마음가는 대로 소비하는 삶이 완벽한 행복을 보장하는 것도 아니었다. 너무 뻔한 말 같지만 신혼 때는 사랑하는 남편과의 집밥 한 끼에도 비싼 외식 못지 않은 행복감을 느꼈고, 함께 동네 공원을 산책하는 것만으로 마음이 충만해졌다. 나의 경험상, 돈의 크기와 행복의 크기는 무한대로 비례하지 않았다.

더 이상 우리 부부는 소비 평준화를 좇지 않는다. 꼭 사고 싶은 것, 꼭 하고 싶은 것은 존재하지만 당장의 만족을 이유로 우리가 감당할 수 없는 수준까지 무리하지 않는다. 대신 평균 이상의 소득으로 평균 이하의 소비를 하면서 나머지 비용을 안정적인 미래를 위해 투자하고 있다. 은퇴 후 근로소득이 단절돼도 현재 수준의 생활을 유지하며 여유로운 삶을 살기 위해서다.

일상에서 지출이 일어날 때는 부부가 세운 몇 가지 기준과 원칙에 따라 소비하려 노력한다. 가치 있다고 생각하는 일에는 과감히, 아깝다고 생각하는 곳에는 지출을 최소화하며 균형을 맞추는 것이다. 처음부터 정해놓은 건 아니었는데 과소비가 일어날 때마다 대화를 나누고 조율해가면서 하나의 원칙처럼 굳어졌다. 이러한 과정이 2년 이상 지속되자 지금은 열에 아홉은 쉽게 합의가 되는 편이다. 물론, 가계를 주도적으로 운영하는 나에게 소비의 우선권을 부여하는 신랑의 배려가 큰 부분을 차지했지만 나 역시 남편의 지출에 대해 전적으로 신뢰한다.

지난 2년 넘게 우리가 조금씩 맞춰 나간 지출의 원칙은 크게 4가지다.

| 원칙 1 | 작은 할인에 집착하기보다 큰 지출을 피한다

돈을 쓸 때마다 각종 쿠폰과 멤버십 혜택은 꼼꼼히 챙기면서 정작 사치품은 별 고민 없이 사는 경우가 있다. 결혼 후에는 집, 자동차, 가전가구 등 큰돈 쓸 일이 많기 때문에 일상 속 작은 사치는 즐기되, 소득수준을 벗어나는 과한 지출은 철저히 통제하고 있다.

일례로, 우리 부부는 아이가 태어나면 지금보다 넓은 34평 아파트로 이사하고 싶지만 과한 대출을 받으며 집을 넓히는 것이 무리라는 것을 안다. 그래서 현재의 소득수준에서 감내할 수 있는 규모로 대출을 받아 노후된 24평 아파트를 매수한 뒤 리모델링해 살고 있다. 남편 역시 SUV 외제차를 갖는 게 꿈이지만 탄 지 7년 된 준중형 자동차가 아직도 쌩쌩하기 때문에 향후 6~7년은 바꿀 욕심을 내지 않는다. 대신, 1년에 한 번 이상 해외여행을 가는 것, 부부가 함께 취미생활을 즐기는 것, 이따금씩 외식을 하는 것 등 우리가 감내할 수 있는 지출에 기꺼이 지갑을 연다.

할인한다는 이유로 무턱대고 사는 것이 아니라, 내가 왜 이 소비를 해야 하는지 합리적인 이유를 대는 것이다. 충동구매를 100% 막지는 못해도 1차 브레이크 역할은 해준다. 예를 들어, 쇼핑몰에서 5만원짜리 예쁜 블라우스가 눈에 띈다. 집에 이미 블라우스가 많은데도 불구하고 산다면 '갖고 싶어서' 산 것이다. 그러나 한 달에 한 번 있는 방송출연을 위해 사는 거라면 일종의 투자이므로 '필요해서 산 것'이 된다.

마트에 갔는데 맛있는 과일이 30% 할인 중이다. 심지어 내가 좋아하는 딸기다. 이때도 그냥 사지 않는다. 집에 남아있는 과일이 2종 이상이고 일주일 이상 먹을 수 있으면 구매를 미룬다. 할인에 혹해 식재료를 왕창 샀다가 다 먹지 못하고 버리는 대참사를 몇 번 겪으며 깨달았다. 나의 욕심이란 걸. 어차피 대형마트는 매일 돌아가며 할인을 한다. 일주일 후에 사도 큰 문제가 없다. 언젠가 쓸 물건을 지금 당장 저렴하게 사는 것보다, 필요할 때 필요한 만큼만 사는 것이 더 경제적이다.

| 원칙 3 | 단돈 1,000원이라도 그 이상의 가치로 돌아오는지 생각한다

1,000원을 써도 아까운 돈이 있고, 10만 원을 써도 뿌듯한 돈이

있다. 나는 ATM 수수료나 공과금 연체료, 택시비 등이 아깝다. 조금만 신경 쓰면 아낄 수 있는 데도 나의 게으름과 무관심으로 맞바꾼 돈이기 때문이다. 반면 가족에게 쓰는 돈, 여행을 위한 돈, 자기계발에 쓰는 돈은 아깝지 않다. 첫째는 돈을 쓰면서 행복하고, 둘째는 나를 성장시키는 돈이기 때문이다.

만약 친구와의 약속을 앞두고 택시를 탔다면, 택시비 만 원으로 내가 얻을 수 있는 최대 가치는 약 20분간의 안락함이 전부다. 반면, 기념일을 맞아 남편과 단골 참치 집에서 10만 원을 쓰는 건 그 이상의 가치로 돌아온다. 특별한 날 사랑하는 사람과 맛있는 요리를 즐기는 호사는 부부의 행복지수를 높여 주기 때문이다.

평소 커피를 즐기지 않는 나는 카페에 쓰는 돈도 종종 아깝게 느껴진다. 오랜만에 친구들과 만나 대화를 하기 위해서라면 모를까, 단순히 음료를 마시기 위해 5,000원을 쓴다는 것에 큰 가치를 느끼지 못한다. 반면, 주말에 북카페에서 쓰는 음료 값은 만 원도 아깝지 않다. 집에만 있으면 빈둥거리기 바쁜데 예쁜 카페에 와서 신랑과 기분전환을 하고, 책을 보면서 시간도 생산적으로 쓸 수 있기 때문이다.

| 원칙 4 | 집안일 분담에 따라 소비의 우선권을 준다

우리 집의 경제권은 아내인 나에게 있지만, 소비의 우선권은 집안

일 분담에 따라 주체가 다르다. 요리를 도맡아 하는 나에겐 마트에서 장을 보는 데 쓰는 돈의 우선권이 있다. 반면, 설거지와 빨래 담당인 남편은 관련 제품을 살 때 그의 의견이 90% 이상 영향을 미친다. 실제로 집안일을 하는 당사자가 가장 효율적인 돈 쓰기 방법을 알고 있다. 이때는 상대의 결정에 대해 일일이 잔소리를 하거나, 왜 이렇게 비싼 제품을 샀냐고 면박을 주지 않는다. 오히려 상대의 의견을 물어보고 최종 결정을 맡긴다.

보통은 경제권을 쥔 사람이 소비의 우선권을 독점하는 경우가 많은데 이럴 경우 상대가 나를 전적으로 신뢰할지는 몰라도 가계에 무관심해질 수 있다. '알아서 잘 하겠지'라고 생각하기 쉽다. 작은 집안일 하나에도 자신이 가계에 참여하고 있다고 생각할 때 합리적으로 소비하기 마련이다. 당장은 돈이 들어가는 것 같아도 결국 배우자와 갈등 없이 집안일을 분담하는 동시에 가계에 기여도를 높이는 방법이다.

| 원칙 5 | 경조사비는 아끼지 않는다

아무리 열심히 돈을 모아도 반드시 써야 할 순간이 있다. 나는 경조사비가 이에 해당한다고 생각한다. 돈을 모으는 궁극적인 이유는 곧, 돈을 제대로 쓰기 위함이기도 하다. 돈을 가치 있게 쓰는 방법 중의 하나는 사랑하는 사람들을 위해 기꺼이 마음을 내어주는 것

이다. 나 역시 결혼, 내 집 마련, 출산 등 각종 이벤트가 있을 때마다 가족들과 지인들에게 과분한 응원과 축하를 받았다. 이러한 관심이 얼마나 마음을 든든하게 하는지 알기에 나 역시 그들의 삶에서 의미 있는 애경사가 생길 때마다 힘을 싣고 싶다.

아무리 경제적으로 자립한다 한들 사랑하는 가족과 지인들에게 인색하게 굴면 결코 부자가 될 수 없다. 사람은 사회적 동물이기 때문에 자신을 지지해주는 사람들과의 관계 속에서 힘을 얻고 성장한다. 그래서 주변을 돌아보고 사람 구실을 하며 사는 것이 우리 부부에게 돈을 모으는 것만큼이나 중요하다. 경조사비 몇 만 원 더 쓴다고 당장 가계에 부담이 되는 것도 아니고, 돈 아낀다고 금세 부자가 되는 것도 아니다. 적은 금액이라도, 소박한 선물이라도, 내 사람들의 경조사를 잊지 않고 성의를 표하는 것이 지출의 핵심이다.

정반대의 씀씀이를 가진 두 사람이 하나되는 법은 결국 공동의 목표 아래 소비에 대한 확실한 원칙을 세우는 일이다. 같은 곳에 돈을 쓰더라도 사람마다 느끼는 가치가 다르기 때문에 타인의 소비수준과 비교하며 아등바등할 필요도, 스스로를 초라하게 만들 필요도 없다. 어느 곳에 돈을 쓸 때 보람되고 뿌듯한지, 또 후회되고 아까운지 곰곰이 생각해보면서 부부만의 지출 원칙을 세워보자.

# 비자금은 나쁜 걸까?

　많은 부부가 배우자의 비자금을 싫어한다. 비자금이라는 부정적인 뉘앙스도 마음에 안 들거니와, 신뢰가 가장 중요한 부부생활에서 비자금은 서로의 믿음을 깨트릴 수 있기 때문이다. 비자금이란 말만 들어도 "내 남편에게 비자금이 있다면 절대 용서하지 않겠다"며 발끈하는 사람들이 여럿이다. 반면, "결혼하면 여자에겐 비자금이 꼭 필요하다"며 결혼자금의 일부를 반드시 비자금으로 챙겨 놓을 것을 조언하는 선배들도 꽤 많다. 비자금은 정말 나쁜 걸까?

　국내 한 금융사의 설문조사에 따르면, 초등학생 이하 자녀를 둔 2030 기혼자 10명 중 3명은 배우자 몰래 평균 200만 원대의 비자금을 갖고 있다고 한다. 통장을 따로 관리하는 맞벌이 부부의 경우, 애초부터 비자금이 없으므로 사실상 통계에서 제외된다고 하면, 결국 통장을 합쳐 관리하는 부부 가운데 절반 이상은 배우자 몰래, 혹은 알면서도 눈 감아주는 비자금이 있다는 얘기다.

그러나 통계를 보면 비자금의 목적이 우리가 상상하는 것처럼 꼭 불순하지만은 않다. 응답자의 30% 정도는 비자금을 모으는 이유로 '하고 싶은 일을 하거나 갖고 싶은 물건을 사고 싶어서'라고 답했지만 '결혼기념일 등 가족 이벤트를 위해서', '재테크를 하기 위해서'라고 응답한 경우도 전체의 30% 가까이 됐다. 더욱 놀라운 것은 비자금 액수가 평균 200만 원 초반대로 생각보다 많지 않다.

비자금에도 착한 비자금과 나쁜 비자금이 있다. 둘을 나누는 기준은 사용처와 의도에 달려 있다. 배우자의 비자금이 탐탁지 않은 이유는 몰래 돈을 유용한다는 괘씸함 때문이 아니라, 사용처가 자신의 욕구충족과 유흥활동에 치우쳐 있을 때다. 물론, 최소한의 자유를 위해 그간 배우자의 눈치를 보느라 못 샀던 물건을 사고, 취미생활을 하고, 친구들에게 한 턱 쏠 수도 있다. 그러나 비자금의 주된 목적이 가족을 위한 쓰임이거나 자산을 불리기 위한 투자라면 배우자의 비자금을 무조건 나쁘다고 할 수 있을까?

나에겐 월 33만 원의 용돈 외에도 통장 잔고에 두둑한 비자금이 있다. 결혼 전 500만 원이었던 쌈짓돈을 꾸준히 굴리면서 2,000만 원의 비자금이 된 케이스다. 물론, 부부의 월급을 유용하거나 생활비에 손을 댄 것이 아니므로 순수한 의미의 비자금이 아닐 수 있지만, 상대에게 액수를 공개하지 않고 몰래 2년 넘게 운용해왔다는 점을 감안하면 나에게도 이 돈은 일종의 비자금인 셈이다.

처음엔 순수하게 남편에게 자동차 한 대를 사주고 싶다는 생각에 모으기 시작했다. 멋진 SUV 차량을 소유하는 게 꿈인 남편에게 비싼 외제차까진 아니더라도 몇 년간 열심히 모으면 괜찮은 국산 SUV 한 대는 뽑아줄 수 있지 않을까 해서다. 그렇게 시작된 나의 비자금 조성은 내 삶에 다채로운 변화를 가지고 왔다.

일단, 소비의 자유가 제한된 결혼생활에서 작게나마 숨통을 틔워 주었다. 아무리 부부라 하더라도 살다 보면 서로에게 말 못 할 사연이 생기기 마련이다. 이런 사연에는 꼭 돈 문제가 따라붙곤 하는데, 이때마다 비자금은 나에게 경제적 부담을 덜어주고 짜릿한 자유를 주었다. 마음에 드는 옷 한 벌을 사고 싶은데 남편의 눈치가 보일 때, 친정 부모님께 용돈을 챙겨드리고 싶은데 말을 꺼내기 미안할 때, 이외에도 남편에게 굳이 말하고 싶지 않은 소소한 이슈가 생길 때마다 나는 배우자에게 경제적 부담을 주기보다 비자금의 힘을 빌렸다. 통장을 합쳤다는 이유로, 사사건건 남편과 힘겨루기를 하며 에너지를 소진하고 싶지 않았다.

서로를 위한 작은 이벤트를 준비할 때도 비자금의 도움을 받는다. 우리 부부는 결혼기념일이나 생일이면 그간의 고마움을 담아 편지와 소소한 선물을 준비한다. 이때 들어가는 비용은 공동생활비가 아닌 각자의 용돈에서 충당한다. 이벤트 명목으로 생활비에 손을 대면 지출에 과감해지기 때문에 기념일이 포함된 달에는 생활비에서 외식비로 10만 원을 지원할 뿐이다. 용돈이 넉넉하면 넉넉한 대로, 부족하면 부족한 대로 무리하지 않는 선에서 성의를 보이자는 의미다.

그런데 용돈이 빠듯하다 보니 매달 아껴 봤자 몇만 원 모으기가 어렵다. 1년 내내 끌어모아도 몇십만 원이 채 안 된다. 이럴 때 비자금은 큰 힘이 된다. 용돈에 생기는 구멍을 막아주고, 생활비에 영향을 주지 않으면서 그를 생각하는 내 마음을 한껏 드러내 준다.

아무리 몰래 만든 비자금이라도 쓰기만 하면 언젠가 바닥을 드러내는 법. 부족해진 비자금은 적극적인 투자를 통해 다시 불려 나간다. 부부가 함께 모은 자산으로 투자할 땐 리스크가 얼마나 큰지 몇 번이고 고민하고 망설이게 되지만, 비자금은 공동 자산이 아니기 때문에 투자에 한결 과감해진다. 손실이 나더라도 가계에 큰 영향을 미치지 않는 데다, 당장 써야 할 돈도 아니기 때문이다.

나의 짧은 투자 경험을 돌아보건대, 투자의 성패를 좌우하는 핵심 중 하나는 투자자가 심리적으로 흔들리지 않고 의연함을 유지하는 데 있다. 내가 비자금 규모를 처음보다 4배 이상 키울 수 있었던 비결도 심리적 압박 없이, 직관적인 선택으로, 적극적인 투자를 시도한 영향이 크지 않았을까. 남편 몰래 운영한 비자금이었기에 가능했다고 생각한다.

처음엔 신랑에게 SUV차량을 선물하고자 비자금을 불려 나갔지만 규모가 커지자 나는 더 많은 꿈을 꾸게 되었다. 가계에 큰 문제가 발생하거나 양가 부모님이 경제적 어려움에 처했을 때, 혹은 부부 중 한 사람이 일을 그만두게 되거나 삶에서 중요한 결정을 내리는 순간, 비자금이 가족의 든든한 발판이 되기를 바라는 꿈이다.

정말 필요할 때 구세주처럼 거액의 비자금을 가족 앞에서 턱 하니 내놓을 수 있는 용기. 상상만 해도 멋진 일이다. 평소 비자금에 부정적인 인식을 갖고 있던 사람들도, 경제적으로 큰 어려움을 겪으면 내심 배우자에게 비자금이 있기를 기대한다고 한다.

이처럼 비자금은 우리가 흔히 상상하는 것처럼 불순하고, 음흉한 돈만을 의미하지 않는다. 결혼생활에 활력을 불어넣고, 확실한 동기부여가 되며, 경제적 자립을 위해 한 단계 성장하는 발판을 마련해준다. 소액이라도 비자금 유무에 따라 든든함이 다르다. 그래서 결혼할 때 친정엄마가, 혹은 먼저 결혼한 선배들이 "결혼하면 여자에겐 비자금이 꼭 필요하다"고 조언하는 것이다.

결혼한 사이라고 해서 내게 일어나는 모든 일을 배우자와 공유해야 할 필요는 없다. 결혼 후에도 나만의 시간과 공간이 필요하듯 나만이 자유롭게 쓸 수 있는 돈이 있어야 한다. 특히 소득을 함께 관리하는 부부는 스스로를 위한 지출에 인색해지기 쉽기 때문에 최소한의 비자금을 확보해 마음의 여유를 갖기를 권하고 싶다.

그렇다면 비자금은 어떻게 마련해야 할까? 가장 손쉬운 방법은 앞서 언급했던 것처럼, 결혼 전 모아둔 자금 일부를 비상금으로 떼어 두는 것이다. 결혼 전 나는 남편과 합의하에 500만 원을 내 몫의 비상금이자 투자자금으로 주식계좌에 남겨 두었다. 경제적 여력이 없다면, 축의금 일부를 비상금으로 두는 것도 방법이다. 처음엔 소액으로 시작했을지언정, 시간의 힘을 빌려 부지런히 불려 나가면 몇 년 사이 든든한 비자금으로 발전할 것이다.

　단, 결혼 후 부부가 함께 형성한 자산에 손을 대거나 회사에서 나온 보너스로 딴 주머니를 차는 것은 '순수한 비자금 조성'이라는 목적에 맞지 않다. 비자금은 아무 잘못이 없다. 그 비자금을 불순하게 운영하는 당사자에게 잘못이 있을 뿐. 굳이 그렇게까지 욕심 내지 않아도 처음 만들어둔 비상금으로 충분히 의미 있는 비자금을 조성할 수 있다.

　여전히 비자금에 대한 의견은 갈리지만 나는 비자금의 목적이 순수하고 궁극적으로 가족을 위한 돈이라면 만들 가치가 있다고 생각한다. 그래야 예기치 않은 순간에 배우자의 비자금을 알게 되더라도 눈감아줄 수 있다. 신혼부부라면 즐거운 상상과 함께 착한 비자금 한 번 만들어 보시기를.

# 양가 경조사비
# 어디까지 챙겨야 할까?

결혼 전만 해도 내가 부담했던 경조사는 기껏해야 부모님 용돈과 지인들의 축의금 정도였다. 가끔 남동생의 생일을 챙기긴 했지만 정기적이지 않았고, 돌잔치에 참여하기엔 아이를 둔 친구들이 얼마 없었다. 월급에서 차지하는 경조사 비용은 기껏해야 평균 10만~15만 원 수준이었다.

그러나 결혼과 동시에 생각지도 못한 경조사가 쏟아져 나왔다. 결혼 전에는 전혀 신경 써본 적 없던 양가 제사와 가족모임, 새 식구가 된 시누이 내외와 시조카, 그리고 우리 부부의 앞날을 진심으로 축하해준 하객들의 연이은 경조사까지. 심지어 공무원인 남편은 직장에서 매달 3~4건의 경조사가 발생하며 나를 긴장시켰다. 결혼 초 가계부를 쓰는 데 매달 경조사비로 평균 30만~40만 원씩 나가는 것을 보고 뜨악했다. 두 사람이 결혼했으면 경조사비도 2배가 되어야 하는데, 오히려 3배 이상으로 늘어났다.

물론, 안 주고 안 받겠다면 생각보다 간단한 문제일 수 있지만, 보통의 신혼부부라면 주변의 경조사에 신경 끄는 일이 쉽지 않다. 특히 가족의 경조사라면 더더욱 그렇다. 30년 이상 다른 환경에서 살아온 남녀가 결혼한다는 건, 비단 두 사람만의 결합을 의미하지 않는다. 배우자의 가족과 그 집안의 문화까지 받아들인다는 무언의 약속이 포함되어 있다. 오직 한 사람을 보고 결혼했지만, 결혼과 동시에 그간 타인으로 살아온 몇몇의 사람들이 가족이란 이름으로 묶인다. 당연히 챙겨야 할 경조사도, 이에 따른 지출도 늘어날 수밖에 없다.

예비신부이거나 새댁이라면 '도대체 양가 경조사가 얼마나 많길래?'라고 생각할 수 있겠다. 모든 부부들에게 공통적으로 적용할 순 없겠지만 보통의 신혼부부들에게 흔히 발생하는 각종 경조사를 나열하면 다음과 같다.

- 양가 부모님 생신(환갑, 칠순 포함)
- 양가 어버이날
- 양가 부모님 결혼기념일
- 설, 추석
- (외)할아버지·(외)할머니 제사
- 조카 돌잔치 및 생일
- 형제자매 생일 및 배우자 생일
- 형제자매 모임 회비
- 사촌형제자매 모임 회비
- 가족 집들이

- 친인척 결혼식 및 장례식
- 친인척 돌잔치

여기서 끝이 아니다. 사회생활을 하는 맞벌이 부부라면 지인이나 동료들의 결혼식, 장례식, 돌잔치에도 최소한의 성의를 보여야 한다. 배우자의 성향이나 직업적 특성에 따라 경조사가 자주 발생하는 경우도 있다. 그나마 희망이라면 지인들의 경조사는 비정기적으로 발생하고, 결혼을 기점으로 인간관계가 일부 정리됨에 따라 경조사비 부담도 가벼워진다는 점이다.

## 부부만의 경조사 가이드라인 정하기

그러나 가족의 경조사는 횟수가 잦고, 정기적으로 발생하며, 챙겨야 할 범위도 넓다. 매달 부모님께 용돈을 드리지 않아도 격월로 생신, 어버이날, 명절 이벤트가 줄줄이 발생해 꽤 많은 지출이 발생한다. 집안에 따라 중요하게 여기는 가족행사가 다르고, 성의를 표하는 형태도 천차만별이다. 태어나서 얼굴 한 번 본 적 없는 조상님 제사를 꼬박꼬박 챙기는 집안이 있는가 하면, 제사가 없는 대신 종교행사가 더 많은 집안도 있다. 이벤트가 있을 때마다 용돈을 선호하는 부모님이 있고, 온 가족이 모여 시간을 갖길 기대하는 부모님도 있다.

이처럼 집집마다 미묘하게 다른 경조사 문화는 원가족 구성원이었던 아내 또는 남편이 가장 잘 파악하고 있다. 자신이 주도적으로 나서서 배우자와 부모님이 서운해하지 않는 선에서 적정한 가이드라인을 세우고, 부부만의 경조사 지출 원칙을 정해야 한다. 부부가 중심을 잡지 못하고 각종 경조사에 끌려 다니면 배보다 배꼽이 더 커져 정작 가계를 제대로 운영할 수 없기 때문이다. 부모님께 좋은 아들, 착한 딸이 되려다 내 앞가림 하나 못하는 무능한 배우자가 되는 건 한 순간이다.

우리 부부의 경우, 공동생활비에서 지출하는 경조사비는 부모님 용돈과 직장동료의 축의금·부조금, 조카들 돌잔치 정도다. 그 외에 형제자매 생일이나 계모임, 지인 생일 등은 각자의 용돈에서 지출하는 것을 원칙으로 한다. 물론, 부부가 함께 참여하는 모임일 경우 공동생활비에서 지출할 때도 있지만, 1차적으로는 이런 기준을 세워놓고 그때그때 융통성을 발휘하는 편이다.

부모님 용돈이나 선물은 양가 집안문화에 따라 차등을 두고 드린다. 시댁의 경우 가족행사나 기념일이 있을 때 온 가족이 모여 식사하는 문화를 갖고 있다. 반면, 친정은 거리상 자주 찾아 뵙기가 어려워 결혼 전 용돈 위주로 드렸다. 그래서 결혼 후 양가에 이벤트가 있을 때마다 시댁은 가족모임을 우선 고려하고, 친정은 기존처럼 현금을 드린다.

또한 시댁은 차로 1시간 내 거리에 위치해 있어 상대적으로 찾아 뵐 기회가 많다. 친정은 차로 3시간 거리인 지방에 있기 때문에 1년에 얼굴 뵙는 횟수가 손에 꼽는다. 그래서 친정에 갈 때는 용돈을 좀 더 챙겨드리고, 시댁은 선물을 하거나 집안행사에 자주 참여함으로써 경조사비 부담을 줄이고 있다.

다행히 양가 부모님이 아직까지 경제활동을 하시기 때문에 당장 부양의 부담은 크지 않다. 설 명절이나 가족행사를 제외하고는 매달 정기적으로 드리는 용돈도 없다. 오히려 결혼과 동시에 대출의 노예가 된 우리 부부가 하루라도 빨리 경제적으로 자립할 수 있기를 바라실 뿐이다. 조금 염치 없지만, 그 덕분에 종잣돈을 좀 더 빨리 모을 수 있었고, 부모님께 매달 꼬박꼬박 용돈을 드려야 하는 부담감에서 자유로울 수 있었다.

## 만약 매달 용돈을 드려야 한다면?

결혼 전부터 부모님께 생활비나 용돈을 드렸던 자녀라면 결혼과 동시에 부모님 용돈을 끊는 것이 현실적으로 어려울 수 있다. 부모님이 더 이상 경제활동을 하지 않는다면 더욱 외면하기 힘들다. 모아 놓은 노후자금이나 연금으로 생활이 가능하면 다행이지만, 상황이 여의치 않아 자식의 부양이 반드시 필요한 부모도 있기 때문이다. 양가 경제수준이 비슷하다면 모를까 보통은 어느 한쪽이 더 기울기 마련이다. 이럴 땐 부부가 상의해서 경제적 도움이 필요한 부모님께 더 많은 용돈을 드리되, 배우자가 섭섭하지 않도록 별도의 비용을 떼어 상대 부모님을 위한 노후자금으로 비상금을 확보해 둘 필요가 있다.

만약 부모님이 경제활동을 하고 있어 매달 용돈을 드리지 않아도 되는 상황이라면, 부모님이 서운해하지 않도록 현재 부부의 경제 사정에 대해 이해를 구하는 것도 방법이다. 생신이나 어버이날, 명절 때는 성의를 표시하되, 용돈은 '대출을 다 갚을 때까지', 혹은 '내 집 마련을 할 때까지' 일시적으로 미룬다는 점을 어필하는 것이다. 자식이 열심히 대출을 갚고 저축을 한다는 데 크게 노할 부모는 얼마 없다. 부모님 용돈이 부부의 소득과 지출 대비 부담되는 수준이라면 마음에 꽁꽁 담아두지 말고 반드시 대화를 통해 변화의 물꼬를 틀자.

## 효도는 셀프

우리 집은 양가 경조사가 발생했을 때 경조사비 규모와 쓰임새 등을 부부 중 원가족 구성원이 결정한다. 친정에서 이벤트가 생기면 내가 주체적으로 나서 부모님과 이야기하고, 시댁에서 제사 등의 이슈가 생기면 남편이 중심이 되어 조율한다. 시댁과 처가에 연락하기 불편해서가 아니라 원가족 구성원이 집안문화에 대해 더 잘 알기 때문이다.

예를 들어, 시댁에서 가족행사가 생기면 남편이 먼저 시부모님과 통화를 하고 내게 가족행사의 성격과 참석 여부 등 의견을 묻는다. 부부가 합의한 내용은 남편이 다시 시부모님께 전달하고 일정을 조율한다. 친정에서 일어나는 이벤트 역시 마찬가지다. 내가 먼저 친정부모님과 통화를 하면서 대략적인 일정을 잡고, 남편과 상의 후 부부의 의사를 부모님께 최종 전달한다. 양가 부모님 때문에 스트레스 받거나 마음 상할 일 없이, 부부의 입장만 정하면 된다.

그래서 우리 집은 시부모가 며느리에게, 장인장모가 사위에게 직접 연락해 집안의 대소사에 대해 의사결정을 요구하는 일이 좀처럼 없다. 평소엔 양가 부모님께 안부전화를 하거나 메시지로 일상을 공유하는 게 전부다.

단, 이 과정에서 배우자에게 내 부모의 효도를 강요하지 않으려 노력한다. 우리 집안의 경조사를 배우자가 알아서 챙겨주기를 바라기 전에 내가 먼저 그러한 환경을 만들어주는 게 중요하다. 우리 부모님의 생신이 다가오면 며칠 전 배우자에게 미리 알려주고 당일에 전화를 드릴 수 있도록 한다거나, 직접 찾아 뵐 때 선물이나 용돈을 배우자가 직접 드릴 수 있도록 배려하는 것이다. 이렇게만 해도 집안 문제로 괜한 자존심을 세우거나 다툴 일이 줄어든다.

결혼한 자식이 부모에게 줄 수 있는 최고의 선물은 부부가 잘 먹고 잘 사는 모습을 보여주는 것이라고 한다. 자식이 건강하고, 화목한 가정을 이루며, 경제적으로 큰 어려움 없이 사는 모습이 부모에게 가장 큰 효도다. 용돈은 그 다음이다. 부모님을 사랑하는 마음이 앞서 양가 경조사에 열과 성의를 다하는 것은 좋지만, 각종 경조사에 치여 가정에 소홀해지거나 부부간 다툼이 발생하지 않도록 현명하게 대처하는 것이 먼저다.

# 결혼 3년차,
# 4억 자산
# 모은 비결

# 생각보다 많이 드는 생활비, 3단계 절약법

　아무리 마음의 준비를 해도 결혼과 동시에 생활비 지출은 확연히 늘어난다. 예비 3인 가족인 우리 부부만 하더라도 저축을 제외하면 월 생활비로 300만 원은 족히 나간다. 외식비나 품위유지비처럼 줄일 수 있는 항목이 있는 반면, 보험료나 대출이자, 관리비처럼 고정적으로 빠져나가는 항목도 적지 않다. 그렇다고 안 먹고 안 쓰는 것만이 해결책은 아니다. 처음부터 모든 예산을 줄이겠다고 욕심 내는 것도 오래 가지 못한다. 생활비도 단계에 맞춰 절약이 필요하다.

### | 1단계 | 변동지출을 줄인다

**● 식비를 줄여주는 냉장고 파먹기, 외식은 주 1회**

가장 손쉬운 생활비 절약법은 변동지출을 줄이는 것이다.

우리 집 한 달 식비는 30만 원 내외다. 임신 후에는 10만 원 정도 더 책정하고 있으나, 그 전까지는 2인 가족 기준으로 외식비를 포함해 30만 원 수준을 유지해왔다. 식비 절감의 일등공신은 '냉장고 파먹기'다. 냉장고 파먹기에는 포스트잇 3장이 필요하다. 첫 번째 종이에는 '현재 냉장고에 있는 재료들'을 적는다. 검은 봉투 속에 있는 정체 모를 재료들까지 모두 파악해 꼼꼼히 기입한다. 두 번째 종이에는 '냉장고 속 재료로 할 수 있는 요리'를 쓴다. 레시피를 고집하지 않고, 재료를 다 갖추지 않아도 만들 수 있는 요리가 좋다. 세 번째 종이에는 '사야 할 식자재'를 적는다. 장을 볼 때는 세 번째 종이만 떼어서 가고, 집에 있을 때는 메모지에 적힌 식재료를 활용해 집밥을 해 먹는다. 부족한 재료는 싸게 대량 구입하는 대신 그때그때 필요한 것만 구입한다.

외식은 웬만하면 주 1회를 넘지 않는다. 평일 저녁은 주말에 구입한 식재료나 만들어둔 반찬으로 간단히 먹고, 주말 중 하루는 가보고 싶었던 맛집이나 핫플레이스에서 외식하며 제대로 쓰는 걸 선호한다. 배달음식은 시켜 먹지 않는다. 결혼 후 2년이 넘도록 특별한 경우(이사 등)를 제외하고는 배달음식을 시킨 적이 없다. 건강을 생각해 신혼 초 의식적으로 멀리 했더니 지금은 습관이 되었다. 대신 과일과 간식을 넉넉히 준비해두고 입이 심심할 때마다 챙겨 먹는다.

결혼 3년차, 4억 자산 모은 비결

우리 부부의 월 평균 품위유지비는 15만 원 내외다. 여기에는 의류, 미용실, 화장품, 세탁, 수선 등의 비용이 포함된다. 외투 한 벌만 사도 수십만 원이 우습게 나가는 요즘, 오히려 결혼 전보다 지출이 배 이상 줄었다. 무조건 쇼핑을 참는 것은 아니다. 필요한 물건을 과감히 구입하되, 평소엔 아주 간단하면서도 쉬운 몇 가지 방법을 실천하고 있다.

사람마다 쇼핑욕구가 최고조에 달하는 상황은 다르다. 나는 스마트폰에 시시때때로 날아드는 광고 이미지나 이벤트 알림을 접할 때 소비를 참기 어렵다. 아무 생각 없이 일하고 있다가도 폰 화면에 갑자기 등장하는 예쁜 모델을 보면 무언가에 홀리듯 쇼핑몰에 들어간다. 한 20분쯤 신나게 장바구니에 옷을 담다가 뒤늦게 후회하는 경우가 많았다. 그래서 하루 날 잡고 쇼핑몰에서 날아오는 모든 광고 수신을 차단하고 폰 배경화면에서 앱을 없앴다. 그랬더니 쇼핑몰에 접속하는 시간도, 그에 따른 지출도 덩달아 줄었다.

아울렛을 이용할 땐 자체 상품권을 활용한다. 중고거래 사이트에서 정가보다 10~15% 저렴하게 거래될 뿐 아니라, 종종 소셜에서 특가에 판매하기 때문이다. 아울렛을 이용하는 것만으로 백화점보다 30% 이상 저렴한데, 자체 상품권으로 추가 할인을 받으면 결과적으로 40~50% 이상 비용을 아끼는 셈이다. 내가 살고 있는 지역 인근에 아울렛이 있는지, 있다면 자체 상품권을 발행하는지 체크할 필요가 있다.

쇼핑할 땐 부부가 격월로 돌아가면서 한다. 한 달에 큰 지출이 몰리지 않도록 하기 위해서다. 딱히 필요한 물건이 없다면 한 달 건너뛰고, 비교적 큰 지출이라면 2~3개월 무이자 할부로 결제한 뒤 다 갚을 때까지 다음 달 가계부 예산에 미리 반영한다. '우리에게 빚이 있으니 이번 달에는 품위유지비를 많이 쓸 수 없어'라고 마음의 준비를 하는 것이다. 만약 사야 할 물건이 여러 개라면 두세 달에 걸쳐 하나씩 구입한다. 지금 당장 필요한 물건을 1순위로 사고, 2순위 이하 물건들은 한 달에 하나씩만 산다는 생각으로 추린다. 이 중 몇몇 물건은 시간이 지나면서 그냥 잊혀지기도 한다.

회원권은 웬만하면 사지 않는다. 정액제 회원권은 1회 서비스 비용보다 평균 단가가 저렴해 혹하기 쉽다. 예를 들어, 네일샵에서 젤네일 1회 비용은 2만 원이지만, 회원권 10만 원을 끊으면 추가로 1만~2만 원의 적립금을 더 주는 식이다. 그러나 회원권은 절대 저렴하지 않다. 처음 회원권을 끊을 땐 10만 원이 부담스럽지만 이후부터는 회원권이 더 저렴하다는 생각에 이것저것 서비스를 추가하고, 한 달에 한 번 갔던 네일샵도 2~3주에 한 번 가게 된다. 네일을 받을 때마다 2만 원씩 5번을 지불하는 것과 한 번에 10만 원을 내고 나머지 5번을 공짜인 것처럼 이용하는 것은 확실히 다르다. 그때그

때 필요한 만큼 구입하고 바로 쓰는 것이 지출 통제에 효과적이다.

● **상품권 활용하기**

나도 모르게 새어나가는 생활비를 철벽 수비하는 것도 생활비 절 감에 도움이 된다. 온라인 마켓에서 쇼핑할 땐 문화상품권과 해피머 니상품권을 활용한다. 정가보다 7~9% 정도 할인 받아 구입한 뒤 제 휴 쇼핑몰에서 결제하는 방법이다.

먼저 인터넷 검색창에 문화상품권 10만 원을 입력한 뒤 최저가를 찾아 결제한다. 시세에 따라 다르지만 보통 7% 할인된 9만 3,000원 에 구입 가능하다. 결제 후 5분 이내 문화상품권 핀넘버가 모바일로 발송된다. 핀넘버를 받으면 컬쳐랜드에 접속한 뒤 컬쳐캐시로 전환 한다. 제휴 쇼핑몰에서 필요한 물품을 결제할 때 컬쳐캐시를 선택하 면 된다. 쇼핑몰 자체 쿠폰과 중복 할인이 가능하기 때문에 매번 쇼 핑할 때마다 최소 10~15% 할인을 받고 있다.

해피머니상품권은 할인율이 더 높다. 먼저 인터넷 검색창에 해 피머니상품권 10만 원을 입력한 뒤 최저가를 찾아 결제한다. 보통 8~9% 할인된 9만 1,000~9만 2,000원에 구입 가능하다. 결제 후 5 분 이내 핸드폰으로 문화상품권 핀넘버가 발송된다. 핀넘버를 받으 면 해피머니 사이트에 접속 후 해피캐시로 충전하고, 제휴 쇼핑몰에서 제품을 구입할 때 해피캐시를 선택해 결제하면 된다.

집 근처에 가까운 전통시장이 있어 온누리상품권도 종종 사용한다. 온누리상품권은 우리은행, 신한은행, 농협은행, 기업은행 등 지정된 은행에서 상시 5% 할인 판매하며, 명절 기간에는 10% 특별 할인도 진행한다. 현금과 신분증을 챙겨 은행에 방문한 뒤 신청서를 쓰고 구입하면 된다. 상품권은 5,000원권, 1만 원권, 3만 원권으로 구성되어 있다. 60% 이상 사용 시 잔액을 현금으로 돌려받을 수 있으므로 작은 단위로 구매하는 것이 유리하다. 사용처는 전통시장 통통에서 확인할 수 있다. 최근엔 서울사랑상품권 등 시별로 지역사랑상품권도 활발히 발행되고 있다. 보통 10% 할인 구입할 수 있으므로 적극 활용해도 좋다.

● 기프티콘 중고거래

생일이나 경조사 때 지인들과 주고받는 기프티콘은 모바일 중고거래 마켓에서 구입한다. 처음엔 카카오톡 스토어에서 기프티콘을 정가에 주고 샀지만 지금은 중고거래를 통해 기프티콘 1개당 15% 정도 할인받아 구입한다. 기프티콘 중고거래는 개인간 거래도 가능하지만, 낯선 사람과의 거래가 불안하거나 연락을 주고받는 과정이 귀찮다면 중고거래 마켓을 이용하는 것도 대안이 될 수 있다.

나의 경우 기프티스타, 내콘내콘 등을 주로 이용한다. 스타벅스

아메리카노(4,100원) 기준으로 보통 시중가보다 약 15~20% 할인된 가격에 기프티콘을 구입할 수 있다. 커피 외에도 아이스크림, 제과, 외식, 영화관 등 다양한 브랜드의 기프티콘을 취급하는 데 사용기한이 임박할수록 할인율이 크다. 선물 받은 기프티콘은 종종 현금화해 부족한 생활비에 보태기도 한다. 내가 소유한 기프티콘을 마켓에 등록하면 수요 및 공급량에 따라 판매단가가 제시되며, 해당 가격을 수락할 경우 판매가 완료된다.

### • 정부지원 생활에너지 감축 제도 챙기기

시군구에서 지원하는 생활에너지 감축 제도도 생활비에 쏠쏠한 도움을 준다. 첫 신혼집 입주 당시엔 서울시 에코마일리지를 신청했다. 가정에서 생활에너지를 절약한 만큼 현금처럼 사용 가능한 마일리지로 돌려주는 제도다(서울 외 지역은 탄소포인트제도로 불린다). 전기, 수도, 도시가스 사용량을 6개월 주기로 체크한 뒤 월평균 사용량이 6개월 전보다 5~10% 줄어들면 1만 마일리지, 10~15% 줄어들면 3만 마일리지, 15% 이상 줄어들면 5만 마일리지를 준다. 홈페이지에 간단한 정보를 입력하면 신청이 완료된다. 적립된 마일리지는 아파트 관리비나 통신요금, 지방세 납부, 상품권 등으로 교환할 수 있다.

자차를 소유한 운전자라면 서울시 승용차 마일리지 혜택도 챙길 수 있다. 차량 등록 후 1년간의 주행거리가 전년보다 감축하면 감축

량과 감축률에 따라 포인트를 차등 지급하는 제도다. 전년 대비 감축률이 0~30%, 또는 30% 이상일 경우 2만~7만 포인트를 제공한다. 홈페이지 또는 가까운 구청, 동 주민센터에서 차량 소유자와 차량 정보를 등록하면 신청이 완료된다. 신청 1년 후 차량 번호판과 누적 계기판 사진을 제출해 주행거리가 산정되면 포인트를 지급하며, 지급받은 포인트는 모바일 상품권, 세금 납부, 기부 등으로 활용 가능하다. 우리 집은 올해 7만 마일리지를 돌려 받아 재산세 납부에 활용했다.

### ● 장기수선충당금 챙기기

현재 전월세로 거주하고 있는 신혼부부라면 장기수선충당금을 챙겨 관리비 부담을 덜 수 있다. 장기수선충당금은 승강기 등 노후한 시설물을 교체하거나 단지를 깨끗하게 관리하기 위해 필요한 장기 예치금을 말한다. 관리비고지서에 장기수선충당금 항목이 별도로 명시되어 있다. 원래는 집주인이 부담해야 할 몫이지만 세입자가 거주하는 동안에는 편의상 세입자가 비용을 부담한다.

나의 경우 첫 신혼집에서 매달 1만 500원의 장기수선충당금이 나왔는데 2년간 총 25만 원에 달했다. 임대차 계약이 종료되는 날(집을 비워주는 날) 집주인으로부터 돌려받았다. 이사 당일 돌려받지 못하더라도 10년 안에 집주인에게 청구하면 언제든 환급 가능하다.

## ● 실비보험 청구하기

소득을 늘리는 일 못지 않게 잠자고 있는 나의 자산을 깨우는 일
도 중요하다. 소비를 줄이고 지출을 통제하는 것보다 쉽고 빠른 데
다, 핸드폰 터치 몇 번으로 쌈짓돈을 확보할 수 있기 때문이다.

큰 질병이나 사고가 발생했을 때는 적극적으로 보험금을 청구하
면서도, 평소 자잘하게 발생하는 실비에 대해서는 귀찮다는 이유로
보험금 청구를 하지 않는 경우가 많다. 나 역시 결혼 전에는 단 한
번도 실비를 청구해본 적이 없다. 당시 보험료 청구의 개념도 잘 몰
랐거니와, 병원에 가봤자 기껏 몇천 원, 몇만 원 수준이었기 때문
에 경제적으로 큰 부담이 없어서였다. 재활병원에서 도수치료를 받
았을 때도, 방광염 치료를 받느라 몇 차례 내원했을 때도 나는 실비
를 청구하지 않았다. 뒤늦게야 내가 가입한 실비보험이 자기 부담금
5,000원을 제외하면 웬만한 의료비를 전부 돌려받을 수 있는 상품
이라는 것을 알았다.

그래서 결혼 후에는 감기나 배탈, 가벼운 외상 등 자잘한 병원비
도 실비 청구를 한다. 매달 보험료로 적지 않은 돈을 부담하면서 정
작 챙길 수 있는 혜택을 방치하는 것이 아까워서다. 1년 전 신랑이
교통사고를 당했을 때는 가해차량의 보험사로부터 병원비 일체와
차량 수리비, 합의금을 받은 데 더해 신랑이 가입해 둔 실비보험으

로 50만 원에 가까운 돈을 추가로 환급 받았다.

서류 준비가 번거롭지 않을까 싶겠지만, 요새는 병원에서 받은 서류를 핸드폰으로 찍어 보험사 앱에 등록하면 2~3일 안에 실비가 환급된다. 소액일 경우, 1년에 한 번 정도 몰아서 청구해도 무방하다. 3년 안에만 청구하면 언제든 환급이 가능하므로 병원 측에 그간의 진료내역서를 한 번에 뽑아달라고 요청하면 된다. '고작 몇천 원, 몇만 원 돌려받자고 이렇게까지 해야 하나'라고 생각할 수 있지만 그 돈으로 자유 적금 하나만 들어도 몇 년 후 쏠쏠한 비상금을 손에 쥘 수 있다.

### • 숨은 내 돈 찾기

은행에 잠자고 있는 돈은 어카운트인포 앱을 활용해 찾는다. 어카운트인포는 16개 국내은행에 개설한 예적금과 신탁계좌 등을 일괄 조회할 수 있는 서비스다. 앱을 다운 받으면 은행별로 보유하고 있는 계좌 건수가 나타나며, 이 중 1년 이상 사용하지 않은 계좌이면서 잔고가 50만 원 이하일 경우 본인 명의의 다른 계좌로 옮기거나 즉시 해지할 수 있다. 별도의 회원가입 절차 없이 공인인증서와 핸드폰 인증만 거치면 된다.

현금처럼 쓸 수 있는 신용카드 포인트도 놓치기 아깝다. 여신금융협회의 카드포인트조회 앱을 다운 받으면 각각의 카드사에 접속할 필요 없이 한 번에 나의 포인트 적립 상황을 조회할 수 있다. 이름과 주민등록번호를 입력한 뒤 카드사를 선택하면 잔여 포인트와 소멸예정 포인트, 소멸예정 일자, 포인트 이용방법 등이 한 번에 뜬다. 쌓여 있는 포인트를 가맹점 결제, 항공서비스 이용, 세금 납부 등 다양한 활용처에서 현금처럼 사용할 수 있다.

갓 결혼한 여자의 재테크

# 소득의 50%를
# 저축하지 않으면 생기는 일

한 종편 방송에 패널로 출연했을 때의 일이다. 결혼 후 15년 동안 자산 15억 원을 모은 저축왕이 게스트로 나온 적이 있다. 어찌나 저축을 열심히 하는지 정부로부터 표창까지 받은 남교사였는데, 신혼 초에는 저축률이 무려 80%에 달했고, 결혼 15년이 지난 지금도 세 가족이 저축률 60% 이상을 유지하고 있다고 밝혀 놀라움을 자아냈다. 아무리 그래도 공무원 월급이 뻔한데 어떻게 저축만으로 순자산 15억 원을 달성할 수 있었을까 궁금하지 않을 수 없었다.

이 고수가 말하길, 신혼 초에는 아내와 경제적 자립을 목표로 성실하게 저축하는 데 주력했다고 한다. 그러면서 점차 절약습관이 몸에 뱄고, 차곡차곡 종잣돈이 불어나기 시작했다. 요즘처럼 저금리, 고물가 시대에 '어떻게 저축만으로 자산을 불릴 수 있어?'라고 생

결혼 3년차, 4억 자산 모은 비결

각할 수도 있지만, 그는 성실하게 저축한 덕분에 종잣돈을 모았고 기회가 왔을 때 주저 없이 투자할 수 있었다고 말했다. 안 먹고 안 쓰며 저축만 한 것이 아니라, 저축을 통해 모은 종잣돈으로 부동산이든 주식이든 펀드든 여러 자산에 투자함으로써 자산을 극대화했다는 것이다.

한 번 불어난 자산은 멈출 줄 몰랐다. 저축과 투자를 병행하며 각종 금융상품에서 수익이 났고, 내 집 마련을 위해 분양 받은 아파트 시세 역시 크게 올랐다. 결코 부부의 소득이 많아서가 아니었다. 확고한 목표 설정, 한결 같은 저축습관이 부부를 경제적 자유로 안내해준 것이었다. 이 과정에서 운도 따랐겠지만, 운조차도 준비된 자만이 가질 수 있는 일종의 특권처럼 느껴졌다.

이 고수의 저축 철학은 신혼부부인 내게 '결국 기본이 중요하다'는 깊은 확신을 주었다. 저축만으로 부자가 되기 어렵지만, 이를 씨드머니로 활용하면 부자에 가까워질 수 있다고 말이다.

너무 당연한 얘기지만 소득의 50% 이상을 저축하지 않으면 종잣돈이 쉽게 모이지 않는다. 특히 신혼 때는 소득 착시현상 때문에 당장 저축하지 않아도, 거침없이 돈을 써도 큰 문제가 없는 것처럼 느껴진다. 그렇다 보니 당장 생활비를 충당하느라 저축할 여력이 없다. 종잣돈이 없으니 내 집 마련, 이벤트 자금, 자녀 학자금, 노후준비 등 미래를 위한 투자에 인색해진다. 살면서 자산을 불릴 수 있는

갓 결혼한 여자의 재테크

숱한 기회를 마주하고도 결국 모아놓은 돈이 없어 아까운 기회를 날리는 것이다.

현재 우리 집 저축률은 월평균 60~65% 수준이다. 나름 돈 공부를 하는 사람이라 열심히 아끼고 모으는 데도 매달 소득의 절반 넘게 저축하는 게 결코 쉽지 않다. 결혼 전에는 부부의 소득이 직장인 평균보다 높으니까 마음만 먹으면 70% 정도는 쉽게 달성할 줄 알았는데 현실은 그렇지 않았다. 70%를 목표로 해야 겨우 60%에 맞출 수 있었고, 품위유지비나 외식비 등을 철저히 통제해야 그나마 유지되었다.

예고 없이 찾아오는 지출은 왜 그리 많은지. 양가 경조사비 정도는 미리 예상하고 있었지만, 2년마다 돌아오는 이사 비용, 집 수리비나 리모델링 비용, 각종 세금 폭탄은 미처 생각지 못한 것들이었다. 저축률이 잘 유지되다가도 큰 지출 한 방에 뚝뚝 떨어졌다. 결혼 후 소득의 50% 이상을 꾸준히 저축한다는 것이 얼마나 어려운 일인지 실감하고 있다.

무엇보다 매달 소득의 60% 이상을 저축하면서도 '씨드머니가 좀 더 있었더라면' 하고 아쉬웠던 순간이 한두 번이 아니다. 결혼 후 본격적으로 재테크를 실천하면서 작은 기회들이 여러 차례 있었다. 그러나 그때마다 단돈 몇백만 원이 없어 포기해야 했던 적도 수없이 많다. 당장 갚아야 할 주택담보대출이 있고, 매달 고정적으로 빠져나가는 생활비가 있으며, 노후자금도 준비해야 하는 상황에서 투자를 위한 씨드머니까지 준비하는 일이 만만치 않았기 때문이다. 결국 내가 할 수 있는 최선의 선택은 매달 한정된 소득에서 쓸데 없는 지출을 줄이고 저축률을 높이는 일이었다. 기회가 왔을 때 더는 놓치고 싶지 않았다.

비교적 저축률이 높은 우리 집도 이런 고민을 안고 사는데, 소득의 절반도 채 저축하지 못하는 집이라면 투자는커녕 겨우 현상유지에 만족할 수밖에 없을 것이다. 결혼 후 부부가 종잣돈 1,000만 원을 함께 모으는 건 그리 어렵지 않다. 그러나 안정적인 생활을 유지하면서, 각종 대출을 갚아 나가면서, 미래를 위한 준비를 하면서 별도로 1,000만 원을 확보한다는 것은 또 다른 얘기다. 소득의 절반 이상을 저축하지 않는 한, 결코 쉽지 않은 일이다.

내 월급보다 물가가 더 빠르게 오르는 요즘, '저축해서 뭐하냐' '부동산 하나 잘 잡으면 되는 거 아니냐'고 반문할지 모르겠다. 그러나 모든 재테크엔 씨드머니가 필요하고, 이 씨드머니는 성실한 저축에서 나온다.

## 아이는 예고 없이 찾아온다

신혼부부의 최대 변수는 임신과 출산이다. 부부가 원하는 시기에 딱 맞춰 임신하기란 굉장히 어려운 일이다. 그래서 계획에 없던 임신은 큰 기쁨인 동시에 가계에 경제적 타격을 입히기도 한다. 신혼 때 자녀 계획을 세워둔 부부라면 출산에 따른 경제적 부분에 대해 고민을 했겠지만, 신혼을 즐기느라 버는 족족 소비를 해왔다면 덜컥 아이가 생긴 순간부터 꽤 오랜 시간 돈을 모으기 힘들다.

설상가상, 출산과 동시에 아내의 경력이 단절될 경우 소득은 절반으로 뚝 떨어진다. 기존에 한 사람의 소득을 저축에 올인한 경우가 아니라면, 외벌이가 된 순간 저축률은 0%가 된다. 갑자기 아이가 태어났다고 해서 없던 경제관념이 생기는 것도 아니다. 주위에서 '아이를 낳으면 돈이 많이 든다', '미리 준비해야 한다'고 아무리 조언해봐야 내가 그 상황에 닥치지 않으면 피부로 와닿지 않는 법이다.

나 역시 계획에 없던 아이가 생기자 마음이 조급해지기 시작했다. 그동안은 막연히 '아이가 태어나면 돈이 많이 들겠지', '언젠가 낳아야지' 정도만 생각했지 곧 내게 닥칠 일이라고는 예상치 못했다. 그러나 임산부가 되는 순간 태아보험료를 시작해 각종 영양제와 출산용품, 월 2~3회의 병원 검진비 등이 고정적으로 빠져나가기 시작했다. 가계부에는 임신, 출산 항목이 새롭게 생겼고, 덩달아 저축률이 야금야금 떨어졌다.

이뿐만이 아니다. 서울 웬만한 지역의 산후조리원 비용은 2주 기준 300만 원 내외다. 정부 지원을 받아 산후도후미를 써도 적게는 2

주 기준 50만 원, 많게는 100만 원 내외로 든다. 사야 할 육아용품도 넘쳐난다. 가족이나 친구들에게 물려받고 중고거래를 적극 이용해도 새로 장만해야 할 물건들이 더 많다. 결국 아이를 출산하는 순간 지출이 눈덩이처럼 불어나 병원, 조리원, 산후도우미, 육아용품 등을 준비하는 데 5개월간 약 1,000만 원이 든다는 계산이 나왔다. 월 평균 200만 원. 웬만한 직장인의 월급과 맞먹는 돈이다.

게다가 육아휴직을 하면 나의 기본소득은 정부지원금 70만~100만 원이 전부다. 소득은 줄어드는데 육아비용은 확 늘어나니 당분간 저축은 꿈도 못 꿀 것이다. 그나마 비상금 통장에 모아둔 1,500만 원으로 급한 불을 끌 수 있다는 게 천만다행이었다. 그렇지 않았다면 매달 고정적으로 저축하던 것마저 엉망이 되었을 것이다.

아이를 낳고 나서 돈 모으기가 정말 힘들다고 하소연하는 동료들, 아이 없는 신혼시절에 좀 더 열심히 모으지 못한 게 후회된다는 선배들이 참 많았다. 머리로는 이해하면서도 막상 아이가 생기기 전까지 크게 와닿지 않았던 게 사실이다. 그러나 당사자가 되어 보니 나 역시 같은 조언을 몇 번이고 반복하게 된다. 자녀가 없고 급여가 일정하게 유지되는 신혼시절 소득의 절반 이상을 무조건 저축하라고, 맞벌이라면 한 사람의 월급은 없는 셈 치고 모두 저축에 올인하는 전략을 세우라고 말이다.

나 또한 임신 막달까지도 곧 닥칠 지출 폭탄을 앞두고 저축률을

60% 이상 유지하려 애쓰고 있다. 비상금 통장도 틈틈이 채워 넣는다. 아기가 태어나는 순간 한 동안 저축이 어려워질 것임을 누구보다 잘 알기 때문이다. 그나마 소득의 절반 이상 저축하는 습관을 들여 놓았기에 아이를 낳아도, 일시적으로 경력이 단절되도, 최소한 마이너스가 될 가능성은 적다는 게 위안이 된다.

## 부모님을 보면
## 내 노후가 보인다

젊을 때는 먼 미래를 내다보기 어렵다. 지금처럼 신체가 건강하고, 꾸준한 소득이 있으며, 마음만 먹으면 어디서든 일할 수 있는 상황에서 당장 30년 뒤 미래가 상상되지 않는다. 전문가들은 소득의 10~20%를 노후자산과 보장자산에 투자해야 한다고 권고하지만, 실제로 이를 행하는 부부들이 얼마나 될까? 소득의 절반도 저축하기 어려운 마당에, 미래를 위해 소득의 20%를 투자한다니. 아마 콧방귀를 뀔 것이다.

30년 뒤 나의 노후를 가장 구체적으로 그릴 수 있는 방법이 있다. 우리 부모님의 현재 노후 준비 정도를 가늠해보면 된다. 자녀들의 경제적 도움 없이도 노후가 안정적인 부모님이 있는가 하면, 자녀들의 용돈 없이는 당장 생활조차 힘든 부모님도 있다. 누군가는 이러한 상황에 가슴을 쓸어내릴 것이고, 누군가는 마음 한구석이 답답해

짐과 동시에 더 도와드리지 못해 죄송한 마음이 들 것이다. 그리고 생각할 것이다. 30년 뒤, 내가 부모가 되었을 때 어떤 노후를 맞이하길 바라는지, 자녀가 부모인 나를 떠올렸을 때 어떤 마음이길 바라는지. 노후 준비에 임하는 마음가짐부터 달라진다.

나는 신랑이 아프다고 할 때보다, 고향에 계신 부모님이 편찮으시거나 병원에 입원할 때 더 큰 염려와 공포를 느낀다. 내가 경제적 여유가 없는 상황에서 행여 부모님께 안 좋은 일이 생길까 가슴이 콩닥거려 일이 손에 잡히지 않을 때도 있다. 그동안 나와 동생을 뒷바라지하느라 경제적으로 빠듯했던 부모님은 노후 준비에 소홀할 수밖에 없었다. 베이비부머 세대의 여느 부모님과 마찬가지로, 부모의 부양과 자식의 뒷바라지 사이에 끼어 50대가 넘어서야 본격적인 노후 준비를 시작하셨다. 그 시기를 늦추게 만든 장본인 중 하나가 나였고, 미혼인 남동생이 결혼할 즈음에는 다시 부모님의 노후 준비에 지대한 영향을 미칠 것이다. 그래서 늘 마음 한구석엔 부모님에 대한 죄송함과 애틋함이 공존한다.

나의 바람은 부모님께 돈 한 푼 물려받지 않아도 좋으니 모아놓으신 돈으로 노년을 건강하게, 경제적 어려움 없이 보냈으면 하는 것이다. 요새는 자산가들 사이에서 자녀에게 사전 증여하는 것이 인기라지만, 일찌감치 노후 준비를 마쳐 자녀에게 부양의 부담을 덜어주고 멋지게 살아내는 것이야말로 부모가 자녀에게 줄 수 있는 최고의 선물이 아닐까 생각한다. 나 역시 자녀에게 부담을 주고 싶지 않다. 그래서 매달 소득의 절반 이상은 무조건 저축하고, 이 중 10% 이상은 노후 준비에 쓴다.

당장 먹고 살기 바빠서, 자녀 학비를 대느라 저축은 꿈도 못 꾸는 부부들이 많다. 그러나 돈이 없을수록 노후 준비가 더 절실한 법이다. 부자들은 저축하지 않아도 평생 먹고 살 돈이 충분하지만 평범한 직장인은 저축액의 일부를 노후자금으로 마련해두지 않으면 소득이 끊기는 순간 노후빈곤에 직면하게 된다. 지금의 사회적 흐름대로라면 50세가 넘어서도 안정적인 직장생활을 유지하리란 보장이 없다. 그 부담은 고스란히 자식에게 전가된다.

결국, 한 살이라도 어릴 때 노후를 대비하기 위해서는 비교적 안정적인 소득이 유지되는 신혼시절부터 소득의 50% 이상을 저축하고, 그중 10% 이상을 노후자금으로 떼어 20~30년간 스스로 굴러가도록 시스템을 만들어야 한다. 환갑이 넘어 노후 준비를 시작하면 한 달에 쏟아부어야 할 돈이 수백만 원이지만, 20~30년 전부터 미리 준비하면 소득의 10% 이내로만 차곡차곡 쌓아도 복리효과를 누릴 수 있다.

재테크를 시작할 때 지겹도록 듣는 말이 '소득의 50% 이상은 무조건 저축하라'다. 너무 진부하고 흔해 빠진 조언 같지만 그만큼 기본 중의 기본이라 몇 번을 강조해도 지나치지 않다. 저축만으로 부자가 되긴 어렵지만 저축마저 안 하는 사람이 부자가 되기란 더더욱 어렵다. 저축 없이 한 방에 큰 수익을 내려는 욕심 또한 언젠가 화를 부른다.

신혼 때는 무조건 선저축 후지출 시스템을 만들어 소득의 50% 이상을 저축하고, 저축액의 일부는 투자를 위한 씨드머니, 자녀 교육비, 노후자금으로 준비하자. 쓰고 남은 돈으로 저축하려고 하면 절대 돈이 모이지 않는다. 조금 과하다 싶을 정도로 소비를 통제하고 저축률을 끌어올려야 나중에 웃을 수 있다.

갓 결혼한 여자의 재테크

# 저축 권태기가 올 땐
## 보상 8:2 법칙

차곡차곡 불어나는 통장잔고를 보면 마음이 흐뭇하다가도, 지출을 통제하는 어떤 순간에 마음이 울컥할 때가 있다. 어제와 별반 다르지 않은 일상, 기계적인 저축과 돈에 대한 집착, 철저한 자기검열로 매 순간 가성비를 따지는 내 모습이 어쩐지 구질구질하게 느껴지곤 한다. 머리로는 안다. 이 정도면 충분히 잘 해내고 있다는 것을. 그러나 왠지 모르게 마음 한구석이 헛헛하다. 미디어에 비치는 다른 사람들의 화려한 일상을 볼 때마다, 좋은 곳, 좋은 음식에 돈을 쓰며 행복을 인증하는 SNS 속 사람들을 볼 때마다 마음은 심하게 요동친다.

'나 지금 잘 하고 있는 걸까?'

'이렇게 아끼고 모으며 사는 것이 과연 맞는 걸까?'

'돈을 쓰는 것=능력'으로 인정받는 시대에서 악착같이 저축만 하는 내 모습에 때때로 '남들보다 뒤처진 삶을 살고 있다'는 회의감이 든다. 돈을 쓰지 못하는 욕구불만이 배우자에게 짜증과 잔소리로 표출되고, 절약해야 한다는 의무감에 스스로에게 엄격한 희생을 요구한다. 이 때는 잠시 저축에 대한 집착을 내려놓고, 내 마음을 찬찬히 들여다봐야 한다.

연인이나 가족, 친구 사이에도 권태기는 찾아온다. 상처를 입을 만큼 큰 사건이 있었던 건 아니지만 꽤 오랜 시간 변화 없는 관계에 무력감과 권태감을 느끼는 것이다. 이때는 적당히 거리를 두고 오롯이 나에게 집중하는 시간이 필요하다. 이 시기만 잘 극복하면 이전보다 훨씬 깊은 관계로 발전할 수 있다.

저축 역시 마찬가지다. 결혼 후 한 가정을 이루는 동시에 우리는 경제적 자립이라는 부담을 안고 산다. '행복하기 위해 돈을 모은다'는 처음 목적과 달리 '돈을 위해 돈을 모으는 것' 같은 허무한 순간도 오기 마련이다. 이럴 때 저축에 몰입했던 에너지를 화끈한 보상으로 분산시켜야 한다. 당장은 돈을 더 쓰는 것 같아도 결국엔 저축과 투자를 늘리는 강력한 기폭제가 된다.

나는 무작정 허리띠를 졸라매는 자린고비식 재테크는 하고 싶지 않다. 미래를 위해 열심히 준비하되, 현재의 삶에서도 일상의 작은 사치를 누리며 살고 싶다. 단순히 돈을 아끼자고 당장 하고 싶은 일을 못하면 나이가 들어 후회할 것 같다. 미래에 대한 막연한 불안감

갓 결혼한 여자의 재테크

때문에 현재를 즐기지 못하는 것도 억울하다.

그렇다고 내일이 없는 사람처럼 살 수도 없다. 내일 갑자기 죽을 확률보다 평균수명까지 살 확률이 훨씬 크니까. 모아둔 돈이 없는데 오래 산다면 불행도 이런 불행이 없다. 그래서 우리 부부는 저축에 권태감을 느낄 때마다 버킷리스트를 하나씩 실천하며 삶의 활력을 얻는다. 목표를 달성했으면 그에 맞는 보상으로 그간의 노력을 인정해주는 것이다. 이러한 경험은 오랜 시간 돈을 모으고 불리는 과정을 감내하는 동력이 될 뿐 아니라 현재의 삶을 즐기게 한다.

우리 부부는 한 해에 한두 번 해외여행을 간다. 작년에는 태국과 후쿠오카에 다녀왔고, 올해는 오사카와 코타키나발루에 다녀왔다. 틈틈이 국내여행도 떠난다. 가계부 통계를 내보니 연간 400만 원 가까운 돈이 여행경비로 빠져나가고 있었다. 회사 복지포인트로 환급받은 돈을 제외하면, 매달 25만 원 정도는 고스란히 여행에 지출하는 셈이다. 여행을 좋아한다고 하면 사람들은 반응은 대개 이렇다.

"돈 모은다면서 할 거 다 하고 사네!"

"여행에 그렇게 돈을 많이 써? 여행 횟수를 줄이면 더 빨리 모을 텐데?"

"연봉이 높으니까 그렇게 쓰고도 남는 거겠지."

그러나 어느 누구도 우리 부부가 여행을 위해 다른 부분에서 얼마나 지출을 통제하며 사는지 모른다. 한 달 식비가 40만 원(외식비 포함)을 넘지 않고, 두 사람의 품위유지비가 15만 원에 불과하며, 커피도 즐기지 않는다는 사실을 말이다. 우리는 진짜 좋아하는 한 가지에 집중하는 대신 나머지 부분에서 어느 정도의 희생을 감내한다.

## 포기할 수 없는 한 가지에 예산의 80%를 올인

보상을 줄 땐 8:2 법칙을 적용한다. 예를 들어, 여행, 커피, 네일, 자전거, 캠핑 등 좋아하는 활동 리스트를 10가지 정도 뽑은 뒤, 이 중에서 절대 포기할 수 없는 1~2가지에 예산의 80%를 올인하는 것이다. 나머지 8개에 대해서는 비용을 줄이든, 횟수를 줄인다. 내가 진짜 좋아하는 일에 더 집중하고 돈도 불릴 수 있는 방법이다.

사람마다 원하는 보상은 다르다. 나는 여행 외에도, 한 달에 한 번 네일아트 받는 것을 좋아하고 여름엔 수영을 즐긴다. 1년에 한 번은 신랑과 함께 호캉스를 떠나고, 요리하기 싫은 주말엔 분위기 좋은 카페에 들러 가끔씩 브런치도 즐긴다. 뭐든 좋다. 자신이 정한 예산 내에서 8:2, 7:3, 6:4로 완급조절을 하며 소소한 사치를 즐기면 된다.

사람들은 별로 쓴 것도 없는데 돈이 모이지 않는다고 말한다. 그러나 제3자인 내가 봤을 땐, 모든 분야에서 골고루, 부족하지 않게 쓴다. 비단 나를 위한 보상이 아니라도, 1년에 한 번은 해외여행을 가고, 매일 한두 잔씩 커피를 마시며, 계절이 바뀌면 쇼핑을 한다.

좋아하는 취미생활에 매달 수십만 원씩 쓰기도 하고, 외모 관리를 위해 100만 원 넘는 패키지도 과감하게 결제한다. 그러면서 '돈이 없다'고 투덜댄다. 알뜰살뜰 잘 모으는 내가, 월급이 많은 내가 부럽다는 말도 덧붙인다. 나는 그가 왜 돈이 모이지 않는지 알겠는데 정작 본인은 모른다.

원하는 모든 것을 누리는 것만이 보상이라 생각하지 않는다. 원하는 것을 다 해야만 행복한 것도 아니다. 습관적으로 지출했던 항목들을 압축해 내가 좋아하는 한두 가지에 집중하는 것이 '진짜 보상'이다. 우리 부부의 여행이 남들에게 도드라져 보이는 이유도, 여행 외 다른 부분에서 소비를 절제하기 때문이 아닐까?

그리 긴 세월은 아니지만 지난 34년을 돌아보니 그때가 아니면 안되는 행복이 있다는 것을 깨닫곤 한다. 한 달짜리 배낭여행도, 뜨거운 청춘도, 신혼의 알콩달콩한 재미도 그때가 아니면 온전히 누릴 수 없는 것들이다.

그러니 절약을 핑계로 보상에 너무 인색해지지 말자. 찰나의 순간을 놓치지 않고, 나만의 방식으로 온전히 즐기자.

# 결혼 1년 만에
# 첫 내 집을 장만하다

2018년 1월, 결혼한 지 1년 3개월 만에 생애 첫 내 집을 장만했다. 서울 마포구 공덕역 인근의 노후된 24평 아파트였다. 은행 지분이 집값의 절반을 차지하는 반쪽짜리 집이지만, 나는 아직도 매매계약서에 도장을 찍던 그날의 감동을 잊지 못한다. 내 명의의 집을 가져본 것은 태어나 처음이었다.

결혼 당시, 막연히 대출이 두려워 반전세로 시작했지만 시간이 흐를수록 내 집을 갖고 싶다는 생각이 간절해졌다. 2년마다 힘겨운 이삿짐과 씨름하지 않아도 되고 전세금 때문에 전전긍긍할 필요도 없는, 작고 소박하지만 따뜻함이 배어 있는 우리만의 집을 갖고 싶었다. 같은 공간에 살더라도 내 집과 남의 집이 주는 심리적 안정감이 얼마나 다른지, 왜 그토록 엄마들이 내 집 마련에 집착하는지 결혼하고 나서야 비로소 이해할 수 있었다.

그러나 서울 부동산 가격은 2016년 본격적으로 꿈틀대기 시작해 2017년 정점을 찍고 있었다. 하룻밤 사이에 실거래가가 종전 기록을 갈아치우고, 집주인들은 내놨던 물건을 거둬들이며 매수인들과 밀당했다. 이런 상황에서 무리해서 집을 사자니 마음이 내키지 않았고, 비싸다는 이유로 포기하기엔 내 집이 절실했다. 게다가 새 정부가 들어서면서 각종 부동산 규제까지 예고된 상황이었다. 하루에도 몇 번씩 마음이 롤러코스터를 탔다.

'너무 꼭지에서 사는 건 아닐까?'

'2년만 더 전세에 살다 기회를 엿볼까?'

'지금 안 샀다가 두고두고 후회하지 않을까?'

'실거주용이면서 투자가치가 있는 집이 없을까?'

부동산 시장이 어떻든, 내 마음은 이미 내 집 마련으로 기울고 있었다. 어차피 실거주용 한 채라면 주거안정성 측면에서 투자할 만한 가치가 있고, 맞벌이인 만큼 대출을 받더라도 충분히 갚을 수 있겠다는 판단이 섰다. 그 해 여름부터 집을 보러 다니기 시작해 추운 겨울이 되어서야 마음에 드는 집을 구했다. 이 과정에서 우여곡절이 많았지만, 이러한 시행착오 덕분에 철저히 저평가된 아파트를 구할 수 있었다.

1년이 지나 돌아보니 100점짜리 아파트는 아니어도 85점짜리 아파트는 되지 않을까 싶다. 무엇보다 초기 자금이 부족한 신혼부부 특성상, 한정된 예산으로 지역 내 저평가 아파트를 공략했던 것이 유효했다고 생각한다.

### | 1단계 | 예산규모 설정 및 관심지역 선택하기

당시 우리의 예산은 5억 원대였다. 결혼 후 차곡차곡 모은 현금자산과 신혼집 보증금, 마이너스통장대출, 주택담보대출까지 포함해 끌어모을 수 있는 자산은 5억 5,000만 원 정도였다. 대출금 비중이 워낙 컸기에 종잣돈을 더 모으는 것이 낫지 않을까 하는 생각도 들었지만, 어차피 사야 할 집이라면 한 살이라도 젊을 때 대출 받고 빨리 갚아나가는 것이 좋겠다는 판단을 내렸다. 특히 실거주용 집 한 채는 가격이 오르든 내리든 큰 부담이 없다. 내 집이라는 정서적 안정감 측면에서 반드시 필요하다고 봤다. '2년만 더 전세에 살아보자'는 남편을 설득해 관심지역을 추리고 본격적인 임장을 준비했다.

당시 관심지역은 양천구 목동, 영등포구 당산, 마포구 전 지역이었다. 결혼 전, 영등포와 신도림 인근에 살았기 때문에 관심지역 모두 가깝고 익숙했으며, 광화문과 을지로에 위치한 남편과 나의 직장을 고려했을 때 직주근접으로도 괜찮다는 생각이었다.

처음 집을 고를 때 원했던 조건은 역세권, 출퇴근이 편리할 것, 남향, 500세대 이상 단지, 10년 이내 신축 아파트였다.

그러나 임장하면서 깨달았다. 한정된 예산으로는 우리가 원하는 모든 조건을 충족하기 어렵다는 것을. 입지가 좋으면 아파트 상태가 참담했고, 단지 상태가 좋으면 입지가 떨어졌다. 몇 가지 조건은 과감히 포기해야 했다.

어차피 우리의 예산으로 주요 입지의 신축 아파트는 불가능했다. 오래된 구축 아파트라도 입지가 좋으면 후보에 넣기로 했고, 리모델링도 염두에 뒀다. 점차 범위를 넓혀 복도식 아파트도 둘러 보았고, 500세대 이하 단지라도 입지만 좋다면 보러 갔다. 다만, 볕이 잘 드는 남향 위주로 후보를 추렸다.

### | 2단계 | 부동산 커뮤니티에서 정보 수집하기

임장을 다니기 직전, 시장조사 차원에서 부동산 커뮤니티를 적극 활용했다. 네이버 부동산스터디 카페에서 실제로 거주하는 사람들의 이야기를 듣고 동네 분위기를 파악했다. 지역 내 대장주 아파트는 어떤 곳인지, 어떤 장단점이 있는지, 입주민들의 의견과 그 아파트를 바라보는 동네 주민들의 의견을 참고할 수 있었다. 부동산 카페에는 자신의 아파트가 무조건 좋다고 평하는 사람도 많기 때문에 다양한 의견을 객관적으로 들여다보는 게 중요하다.

아무리 실거주용 아파트를 구한다 하더라도, 나중에 팔 때를 생각하면 보통의 사람들이 해당 아파트에 대해 어떤 생각을 갖고 있는지 파악하는 게 도움이 된다. 부동산은 내가 원하는 집보다 대부분의 사람들이 원하는 집이 투자가치가 크기 때문이다. 카페를 통해 사람들이 선호하는 지역 내 아파트 리스트를 추려냈고, 그중에서 예산으로 구입 가능한 아파트를 둘러보기로 했다. 사람들이 살고 싶어하는 아파트는 결국 입지와 학군이 좋고, 생활편의시설 조성이 잘 된 곳들이다.

동시에 직방, 리얼캐스트, 집코노미 등 네이버 포스트나 뉴스에 등장하는 부동산 전문가 칼럼도 꼼꼼히 챙겼다. 이러한 칼럼들은 투자의 타이밍을 잡는 데 도움을 준다. 일부 전문가들은 저평가된 지역이나 아파트를 콕 짚어주는 경우도 있었기에 실제로 해당 아파트를 임장한 적도 있다.

| 3단계 | **아파트 임장 다니기**

예산과 원하는 지역, 관심 단지를 결정하고 나서, 우리는 7월부터 부지런히 임장을 다녔다. 전세기간이 1년 남은 시점부터 보러 다니기 시작했으니 거의 6개월 만에 집을 구한 셈이다. 만약 내 집을 장만할 생각이라면 임대차계약이 끝나는 시점에 쫓기듯 집을 보지 말고, 일찌감치 준비해서 여유 있게 보러 다니는 것이 좋다. 확실히 여러 군데를 보다 보면 집의 어떤 부분이 좋고 나쁜지 판단할 수 있게 된다.

임장할 땐 노트와 펜을 준비해 관심지역, 아파트명, 매매가, 입지, 특징 등 자신이 알아볼 수 있도록 기록한다. 당시 임장했던 아파트들의 간략한 평가를 지면에 옮긴다.

- ● **목동 A아파트 20평: 6억 원**

각오는 했지만 막상 둘러보니 내부가 생각보다 너무 좁았다. 30년 된 구축이어서 집마다 상태가 천차만별이었는데, 깔끔하게 올수리된 집이 6억 원이었다. 중고등학교 학군이 명문이고 녹지가 풍부하며 단지 내 초등학교를 끼고 있다. 문제는 지하철로 출퇴근하기에 교통편이 불편하다는 점이었다. 아이가 없던 우리에게는 학군보다 직주근접이 중요했다.

- ● **당산 B아파트 24평: 5억 3,000만~5억 5,000만 원**

한강 조망이 가능하다는 점 때문에 임장을 했는데 막상 가보니 아파트와 한강 사이에 큰 도로가 나 있어 소음과 먼지가 심했다. 창문을 열어놓고 살기 힘들 것 같았다. 아파트 입구가 도로로 연결되어 있어 어린 아이가 통학하기에 다소 위험해 보였다. 한강 조망 또한 작은 방과 주방 베란다에서 볼 수 있는 반쪽짜리에 불과해 마음을 접었다.

- 당산 강변 C아파트 24평 탑층: 6억 원

단지 관리가 잘 되어 있고, 탑층이라 층고가 높아 24평인데도 훨씬 넓어 보였다. 신혼부부가 거주하는 집이라 인테리어도 말끔했다. 그러나 도보로 당산역까지 이동하기엔 꽤 멀었고 단지 주변 편의시설에서 딱히 특별한 점을 찾지 못했다.

- 당산 D아파트 24평: 5억 3,000만 원

소단지 치고는 관리가 잘 된 편이었으나 복도식인 데다 내부 구조가 좁게 느껴졌다. 단지 주변 상권이 약간 침체되어 있는 느낌도 받았다. 그러나 당산에서 한 동짜리 아파트를 임장한 덕분에 우리가 최종 선택한 공덕의 한 동짜리 아파트 시세를 객관적으로 비교할 수 있었다.

- 마포 E아파트 28평: 6억 원

공덕역에서 도보 5분 정도로 가깝지만, 언덕이 굉장히 가팔라 이동하기 꽤 불편했다. 유모차를 끄는 엄마들 또는 나이가 지긋하신 어르신들은 한겨울 내리막길에서 위험할 것 같다는 생각이 들었다. 언덕이 가팔라 집값 상승에 한계가 있을 것이라는 전문가의 조언을 듣기도 했다. 입지는 나쁘지 않았으나 실거주 측면에서 생활이 불편할 것 같아 제외했다.

- **마포 F아파트 33평: 6억 1,000만 원**

마지막까지 후보에 있었던 아파트다. 언덕길에 자리한 아파트였지만 앞 동은 평지에 가까웠고, 33평 치고 매매가가 저렴해 오랜 고민을 했다. 도보 6분 거리에 신촌역이 위치하고, 경의선 숲길이 단지 가까이에 자리한다. 문제는 향이었다. 당시 우리가 본 매물은 낮은 층수인 데다 앞 동과의 거리가 가까워 낮 12시 이후에 햇빛이 잘 들지 않았다. 향 때문에 포기한 케이스다.

| 4단계 | 아파트 결정하기

우리가 최종적으로 매수한 아파트는 공덕역 도보 7분 거리에 위치한 한 동짜리 G아파트다. 지은 지 18년 된 구축인 데다, 대단지보다 투자 가치가 낮은 나홀로 아파트다. 그럼에도 불구하고 이 아파트를 선택한 이유는 입지 좋은 공덕에서 철저히 저평가된 아파트라고 판단했기 때문이다.

과거만 해도 공덕과 당산은 비슷한 입지로 평가 받았지만, 지금은 공덕이 훨씬 앞선다. 쿼드러플 역세권이라 직장인들의 수요가 끊이질 않고, 학군도 나쁘지 않아 젊은 신혼부부들이 선호하는 지역이다. 이런 이유로 같은 조건의 아파트라도 공덕에 위치하면 비쌌는데, 여러 달 임장을 다니면서 당산에 있는 나홀로 아파트 가격과 공덕의 G아파트의 가격이 비슷한 것을 보고 '이거다!' 싶었다. 심지어 지인이 거주하는 강서구 등촌동 인근 30년 된 주공아파트 24평대 매매가가 5억 원 중반을 넘어섰다는 이야기를 듣고, 저평가된 아파트라는 확신이 들어 매수를 결정했다.

G아파트의 핵심 장점은 다음과 같다.

| G아파트의 핵심 장점 |
| --- |
| – 공덕역 도보 7분, 대흥역 도보 5분 거리<br>– 종일 볕이 드는 남향<br>– 마포구 1등 학군인 염리초 배정<br>– 경의선 숲길 도보 2분 거리<br>– 도보 10분 거리 한강 접근<br>– 여의도, 신촌, 홍대, 이태원, 광화문 접근성 뛰어남 |

● 입지

공덕역은 서울역, 왕십리역과 함께 우리나라에 3개밖에 없다는 쿼드러플 역세권이다. 현재 5호선, 6호선, 경의중앙선, 공항철도가 지나가고 향후 신안산선이 개통될 경우 5개 노선이 된다. 서울 3대 업무지구 중 광화문, 여의도까지 지하철 5호선으로 각각 7분, 6분 안에 이동 가능하고, 직장이 위치한 시청과 을지로도 20분 내외로 가깝다. 우리 부부가 즐겨가는 홍대, 합정, 이태원도 대중교통으로 10분이면 도착한다. 도보 2분 내 경의선 숲길이 위치하고 대형마트,

병원, 학원, 쇼핑몰 등의 편의시설도 충분한 편이다.

게다가 마포에서 제일 좋다는 염리초등학교로 배정된다. 도보 3분 거리로 아주 가깝다. 근처 백범로에는 학원가가 들어서 있어 대흥역 학원가, 백범로 학원가로 불린다. 학군이 좋다는 것은 그만큼 꾸준한 수요가 있다는 것이므로 향후 실거주가 아닌 전월세 투자용으로도 무난하다는 생각이 들었다.

- 특징

2000년에 준공되어 18년 된 구축아파트다. 20평대와 30평대는 2베이 구조로 복도식, 40평대는 계단식으로 되어 있다. 단지 규모는 126세대, 1개동이다. 20평대는 전체 가구 중 34세대에 불과하다. 단지가 작은 만큼 단지 내 공원, 커뮤니티 시설의 장점은 누리기 어렵다. 다만, 전기료 등 관리비는 1층 상가가 함께 분담하기에 일반 대단지 수준으로 나오는 편이다.

게다가 공덕오거리를 기준으로 5개 권역으로 나눴을 때 유일한 평지다. 주차는 세대당 1.32대로 2000년 준공된 아파트치고 주차 면적에 여유가 있다. 지하에서 세대로 바로 연결된다. 또한 아파트 복도 쪽에 왕복 4차로인 독막로가 위치하나, 모든 복도에 창문이 있어 소음이나 추위로부터 자유롭다. 두 번의 임장에서 소음이 거슬린 적은 없었다. 남향에 가까운 남서향이며 탑층이라 가리는 건물이 없어 종일 햇빛을 받을 수 있다. 심지어 겨울인데도 불구하고 세입자는 집이 따뜻해서 보일러를 자주 틀지 않는다고 했다.

우리가 매수한 매물은 탑층이다. 요새는 층간 소음 때문에 과거보다 탑층을 선호하지만 오래된 아파트는 결로 등의 문제가 있을 수 있어 꼼꼼히 확인해야 한다. 나 역시 집을 보러 갔을 때 보일러실, 방, 거실 벽지 등을 확인했는데 별다른 이상은 발견되지 않았다. 계약하기에 앞서 다시 한 번 아파트를 방문했을 때 같은 층에 내리는 다른 주민분께 결로 등을 여쭤봤는데 살면서 한 번도 문제가 없었다고 했다. 결국 탑층을 매수함으로써 층간 소음으로부터 해방되고, 조망권도 확보할 수 있었다.

나홀로 아파트는 집값이 잘 안 오른다는 편견이 있다. 대단지보다 편의시설이 부족하고, 거래량 자체도 적기 때문이다. 그러나 이 아파트의 경우 공덕자이, 파크자이 등 공덕의 랜드마크 아파트가 주변을 둘러싸고 있다. 대단지만큼 집값이 오르진 않더라도 서서히 갭 메우기를 할 것이라 봤고, 대장주 아파트들의 영향으로 최소한 집값이 떨어지지 않을 것이라 판단했다.

| 5단계 | 매매계약 체결하기

어차피 우리의 예산으로는 고급스러운 신축 아파트를 살 수 없다. 상대적으로 덜 오른 아파트를 저렴하게 사는 것이 중요하다. G아파

트는 18년 된 구축, 나홀로 아파트라는 단점이 있지만 입지가 좋았고 숲세권인 데다 학군도 매력적이었다. 입지에 비해 저평가된 아파트라는 확신이 들었기에 더는 지체할 수 없었다. 2017년 12월 말, 가계약금 500만 원을 보내고 3일 뒤 바로 계약 일자를 잡았다.

당시 G아파트의 24평 매물은 5억 3,000만 원의 탑층 매물과 5억 4,500만 원의 중층 두 개였다. 우리가 매수한 아파트가 더 저렴했던 이유는 입주 날짜가 8개월이나 남았기 때문이다. 실거주자 입장에서는 입주 날짜가 너무 많이 남아 이사가 애매하고, 투자자 입장에서는 집을 사고도 8월까지 기존 세입자에게 보증금을 높여 받을 수 없기에 투자하기 애매하다. 우리 부부는 입주까지 시간적 여유가 있었기 때문에 시세보다 저렴한 가격에 탑층 매물을 매입할 수 있었다. 임장을 여유 있게 시작하라고 권하는 이유가 여기에 있다.

현 세입자의 전세보증금이 3억 8,000만 원이어서, 매매가와 전세가의 차액인 1억 5,000만 원으로 먼저 집을 샀다(세금 및 부대비용 1,000만 원 별도). 이후 6개월 동안 세입자를 낀 상태에서 일시적 갭투자를 하고, 2주간의 인테리어 공사를 거친 뒤 최종 입주했다.

1월 초 매매계약서를 작성하고 3월 중순 잔금을 치르며 등기이전을 했다. 잔금을 치르면 법무사가 일주일 내 등기업무를 완료하는데 우리는 3일 뒤 등기권리증이 나왔다. 참고로 주택매매 실거래가로 등록되는 달은 잔금을 치르는 달이 아닌, 처음 계약을 체결한 달이다. 계약을 체결한 날을 기준으로 30일 이내 국토부 실거래가에 등록된다. 당시 부담했던 취등록세와 부대비용은 다음과 같다.

**취등록세와 부대비용**

| | |
|---|---|
| **매매가** | 5억 3,000만 원 |
| **취득세** | 530만 원(1.0%) |
| **교육세** | 53만 원(0.1%) |
| **인지대** | 15만 원 |
| **채권** | 42만 5,000원 |
| **법무사 비용** | 51만 7,000원 |
| **중개료** | 234만 원(수수료율 0.4%) + 부가가치세 10%(현금영수증 발급) |
| **합계** | 939만 원 |

참고로 법무사 비용과 공인중개사 비용은 직거래 앱 또는 셀프등기를 활용하면 줄일 수 있다.

드디어 우리에게도 집이 생겼다. 그날의 기분을 단 몇 줄로 표현한다는 것은 초보 작가에게 아주 가혹한 일이다. 거짓말 조금 보태서, 결혼식 당일보다 더 큰 성취감과 기쁨을 맛봤다. 결혼 후 처음으로 부부가 합심해 이뤄낸 결과였으니까. 앞으로 갚아야 할 대출이 산더미지만, 내 집 마련이라는 첫 번째 단추를 잘 꿰었으니 어쩐지 대출도 잘 갚을 수 있을 것 같다.

결혼하면 누구나 내 집을 꿈꾼다. 나 역시 마찬가지다. 돈이 없다고 좌절하거나 포기하지 않고, 내 선에서 오를 수 있는 나무를 목표로 차근차근 준비했다. 이러한 노력에 보답하듯, 매수한 아파트는 1년도 안 돼 1억 원 넘게 상승했다. 물론 실거주용인 만큼 당장의 집값 상승이 큰 의미는 없지만, 고심 끝에 매수한 아파트의 매매가가 꾸준히 상승한다는 것은 분명 투자 측면에서도 긍정적인 신호다.

내가 남들보다 비교적 빨리 내 집 마련을 할 수 있었던 이유는 종잣돈이 넉넉해서도, 부동산 시장을 잘 알아서도 아니다. 확고한 목표가 있었고, 이에 맞춰 눈높이를 현실적으로 낮췄으며, 가용할 수 있는 예산 내에서 최선의 선택을 했기 때문이다. 집을 수십 채씩 굴리는 부동산 전문가는 아니지만, 우리의 사례가 실거주용 한 채를 고민하는 신혼부부들에게 현실적인 조언이 되었으면 한다.

# 어서 와,
# 대출은 처음이지?

생애 첫 내 집을 계약한 뒤, 우리 부부의 두 번째 고민은 '얼마나 저렴한 금리로 대출을 받느냐'였다. 이미 아파트 잔금을 치르고 등기이전을 했지만, 기존 세입자의 임대차 기간이 넉넉히 남아있어 일시적 갭투자를 통해 매수한 상황이었다. 그러나 6월 중순에는 세입자의 이사 날짜에 맞춰 보증금을 돌려줘야 했다. 대출을 통해 추가로 마련해야 할 자금은 1억 5,000만 원.

정부에서 지원하는 대출상품은 부부 합산소득이 초과돼 조건에 맞지 않았다. 기댈 수 있는 상품이라곤 주택담보대출이 전부였다. 설상가상 미국의 금리인상으로 국내 시중금리는 계속 상승했다. 한국은행에서 기준금리를 동결해도 은행들의 조달금리가 높아져 대출금리도 함께 올랐다. 당장 대출을 실행할 수도 없는데 금리가 높아져 속이 탔다.

우리 부부는 좀 더 유리한 조건으로 주담대를 받기 위해 금융권을 직접 방문하고, 은행에서 일하는 지인들을 수소문했다. 그 결과, 고정금리(5년, 혼합형) 3.55%를 적용받을 수 있었고, 생각지도 못한 소득공제 혜택도 챙겼다(2020년 3월 금리 2.3%대 대출로 갈아탔다).

처음 내 집을 마련할 때는 좋은 부동산만 고르면 끝인 줄 알았는데, 대출을 받으며 생각지 못한 변수와 마주했다. 대출기간은 얼마나 길게 해야 하는지, 대출은 부부가 함께 받는 것이 유리한지 아니면 한 사람에게 몰아주는 것이 유리한지, 변동금리가 좋은지 고정금리가 좋은지, 소득공제 혜택은 어떻게 챙길 수 있는지 말이다. 우리처럼 생애 첫 주담대를 받으려는 신혼부부들에게 관련 내용을 공유하고자 한다.

### | 1단계 | 부부에게 맞는 대출상품 고르기

일단 부부 합산소득이 6,000만~7,000만 원 이하라면 선택할 수 있는 대출상품의 범위가 넓어진다. 정부가 지원하는 디딤돌대출 또는 보금자리론을 이용할 수 있어서다. 만약 부부 합산소득이 신청기준에 아슬아슬하게 걸쳐 있다면, 혼인신고 전에 한 사람 명의로 신청할 수 있다. 단, 싱글은 대출한도가 낮고 조건이 까다롭다.

- 디딤돌대출

디딤돌대출은 부부합산 연 소득 7,000만원 이하인 부부가 5억 원 이하 주택(전용 85㎡ 이하)을 구입할 때 최대 2억 2,000만 원을 저금리로 빌려주는 금융상품이다. 대출금리는 소득수준과 만기별 금리에 따라 연 1.70~2.75%로 차등 적용되며 다자녀가구, 청약저축 가입자, 부동산 전자계약 이용자 등은 우대금리를 받는다. 소유권 이전 등기일로부터 3개월 이내 국민, 기업, 농협, 신한, 우리은행 5곳에서 직접 신청할 수 있다. 대출 받은 날로부터 1개월 이내 본건 담보물에 전입하고, 1년 동안 실거주를 해야 한다. 세대 구성원이 1명인 단독세대주도 신청할 수 있으나, 주택가격 3억 원, 전용면적 60㎡ 이하, 대출한도 1억 5,000만 원 이하로만 가능하다.

- 보금자리론

보금자리론은 대출 받은 날부터 만기까지 안정적인 고정금리가 적용되는 상품이다. 민법상 성년인 대한민국 국민이면서 무주택자 또는 1주택자라면 6억 원 이하 주택에 대해 대출을 신청할 수 있다. 맞벌이 신혼부부는 연 소득 최대 8,500만 원 이하, 외벌이 신혼부부 및 단독세대주는 연 소득 7,000만 원 이하일 경우 해당된다. 6억 원 이하 주택에 대해서만 신청 가능하며 대출한도는 최대 3억 원이다. 금리는 연 3.0~3.35% 수준이며 우대금리가 추가 적용된다.

갓 결혼한 여자의 재테크

그러나 이 같은 정부지원 상품을 이용하려면 부부 1인당 평균 소득이 3,500만~4,000만 원 수준을 넘지 않아야 한다. 남녀 초혼 연령이 30대 중반이 되어가는 상황에서 현실적으로 30대 맞벌이 신혼부부가 혜택을 보기란 쉽지 않다. 우리처럼 부부 합산소득이 7,000만~8,000만 원을 초과하는 순간, 기댈 수 있는 건 주택담보대출뿐이다.

### | 2단계 | 주담대, 언제부터 준비해야 할까?

처음엔 금리가 계속 오르는 상황에서 하루라도 빨리 대출을 받는 것이 좋지 않을까 생각했다. 그러나 주담대는 내가 원한다고 해서 바로 받을 수 있는 것이 아니었다. 우리가 은행에 담보로 제공하는 아파트에 전입해야 하고, 현재 보증금을 낀 세입자가 있다면 대출한도에서 임차보증금을 차감한 비용만 대출이 가능했다.

우리의 경우, 세입자가 6월 중 이사 갈 예정이었기 때문에 미리 상담을 받아도 입주하기 전까지 대출을 받을 수 없었다. 처음에는 뭣 모르고 일찌감치 대출상담을 받았지만, 은행 후보지를 압축한 후에는 5월 말부터 관련 준비를 했다. 은행마다 조금씩 차이는 있겠지만 보통 대출실행일 2~3주 전후로 대출서류를 처리해준다. 사전 대출상담 때는 신용등급과 고객등급에 따른 가산금리만 알 수 있을 뿐, 최종 대출금리는 대출실행일 당일에 확정된다. 매일 은행에서 조달하는 금리가 다르기 때문이다.

정리하자면, 입주나 거주 여부에 관계없이 소유권만 등기되어 있으면 담보대출 자체는 가능하다. 그러나 현재 세입자가 거주 중이라면 대출한도에서 세입자의 임차보증금을 뺀 만큼만 대출이 가능하고, 우리처럼 직접 입주할 계획이라면 세입자가 전출돼야(집을 비워줘야) 최대 한도로 대출을 받을 수 있다. 이러한 조건을 감안한 뒤, 대출실행일 약 3주 전에 상담을 받으면 된다.

| 3단계 | 은행 투어하기

먼저 주거래 은행 두 군데와 인터넷에서 대출금리가 가장 낮게 명시되어 있던 몇몇 은행을 함께 방문했다. 물론 주거래 은행이라고 해서 금리가 가장 저렴한 것은 아니었다. 신랑의 주거래 은행인 S은행은 당시 5년 고정금리가 3.7%(2018년 3월 기준)였고, N은행은 3.6%였다. 평소 거래가 없는 C은행은 평생 고정금리 3.75%를 제시했다. 신용 1등급 기준이다.

주택담보대출을 받으려면 무조건 주거래 은행에 의지하지 말고 세 곳 이상의 은행에서 금리를 비교해보기 바란다. 일부 은행은 주거래 은행을 바꾸거나 카드를 연동할 경우 우대금리 혜택을 많이 챙겨줘 주거래 은행보다 더 저렴해지는 경우도 있다.

대출자는 신랑 명의로 했다. 나는 출산 후 경력단절이 될 가능성이 있었고, 이럴 경우 대출이자에 대한 소득공제 혜택을 놓치게 돼 아깝다는 생각이 들었다. 대출금리는 애초부터 고정금리만 알아봤다. 변동금리의 경우 고정금리보다 0.3~0.5%포인트 저렴하지만, 금리상승기에는 대출이자 부담이 커진다.

결과적으로 부부 가운데 신용등급이 더 좋은 사람, 직업이 안정적인 사람, 직장생활을 꾸준히 할 수 있는 사람이 대출에 유리하고 출산, 육아 계획이 있다면 이에 맞춰 대출시기와 대출명의자, 대출기간을 결정하는 것이 좋다.

| 4단계 | 은행 선택하기

몇 차례 은행에서 대출상담을 받았지만 금리상승기라 그런지 만족할 만한 금리가 도통 없었다. 남편이 친구들을 통해 은행에서 근무하는 사람들을 수소문했다. 의외로 한두 다리만 건너면 은행권 종사자가 있다. 아는 은행원에게 대출을 신청하면 이것저것 물어볼 수 있고 금리우대 혜택도 받을 수 있다. 다행히 신랑 고향친구가 N은행에 근무하는 지인을 연결해 주었다.

'지인이라고 금리를 얼마나 낮게 해주겠어?'라는 생각을 갖고 있었는데 상담을 받아보니 우리가 기존에 받았던 금리보다 약 0.1~0.15%포인트 이상 저렴했다. 기존에는 평균 3.6~3.7% 금리였다면, 이곳에서는 3.5% 초반대 금리였다. 같은 은행이어도 지점에 따라 금리우대 재량권이 다른 듯했다. 우리는 큰 고민이랄 것도 없이 최저금리를 제시한 N은행으로 최종 결정했다.

**우리 집 주담대 계약조건**

| | |
|---|---|
| 대출액 | 1억 5,000만 원 |
| 대출금리 | 3.5% 초반대 |
| 대출기간 | 15년(소득공제 혜택) |
| 금리형태 | 5년 고정금리 혼합형 |
| 특이사항 | 3년간 대출액의 10%까지 중도상환수수료 없음(그 이상은 수수료 1.4%) |

고정금리는 대출기간 내내 금리가 고정되는 상품이 있는가 하면, 5년간 금리고정 후 코픽스금리에 따라 금리가 바뀌는 혼합형 상품이 있다. 시중은행이 선보이는 주담대 상품 대부분 혼합형이라고 보면 된다.

• 중도상환수수료

은행에서 대출을 실행하면 보통 1년 이내에 대출액의 10%까지는 수수료 없이 중도상환 가능하고, 3년이 지나면 금액에 관계없이 중도상환 수수료가 없다. 여기까지는 전 금융권이 비슷한 조건이다. 그러나 상담을 하면서 은행마다 중도상환수수료 조건이 다르다는 사실을 알았다. 비슷한 금리라면 중도상환수수료율이 없거나 낮은 곳, 혹은 매년 대출잔액의 10%까지 수수료 없이 중도상환 가능한 은행을 선택하는 것이 유리하다.

● 대출기간 10년? 15년?

대출기간은 10년과 15년 중에 고민하다 15년으로 선택했다. 처음에는 대출기간을 짧게 하고 금방 갚아버리는 것이 좋지 않을까 생각했다가 마음을 바꿨다. 매달 큰 부담이 없는 선에서 갚아나가고, 여유자금이 생길 때마다 투자를 해야겠다는 판단이 선 것이다. 5년 고정금리 상품이므로 단기간에 대출이자 부담이 높아질 가능성은 없었다. 큰 욕심 부리지 않고 여유자금을 잘만 굴리면 연 3.55%의 대출금리보다 더 큰 수익을 낼 수 있을 거라고 생각했다.

또한 대출기간을 15년으로 설정하면 소득공제 혜택이 더 크다. 심지어 대출기간을 15년으로 설정한 뒤 중도상환하더라도 그 동안 공제받은 혜택을 토해내지 않아도 된다. 따라서 이자를 조금 더 부담하더라도 대출기간은 15년으로 했다.

● 원금 균등상환 vs 원리금 균등상환

원금 균등상환은 매달 부담하는 대출원금이 같은 대신, 이자가 조금씩 줄어드는 구조다. 초반 부담은 크지만 총 부담하는 이자가 적다. 원리금 균등상환은 대출기간 내내 매달 부담하는 '대출원금+이자'가 같은 구조다. 초반 부담은 적지만 갚아야 하는 대출총액은 더 많다. 우리는 조금이라도 젊을 때 대출원금을 줄이고 싶어 원금 균등상환으로 최종 선택했다.

| 5단계 | **소득공제 혜택 챙기기**

정말 중요한 단계다. 나는 하마터면 이 혜택을 놓칠 뻔했다. 대략적인 내용은 알고 있었지만 세세한 기준을 몰랐던 탓이다. 취득 당시 주택의 기준시가가 4억 원 미만일 경우, 부담하는 대출이자에 대해 소득공제를 받을 수 있다. 그런데 솔직히 땅값 비싼 서울에서 4억 원도 안 하는 20평대 아파트가 얼마나 될까? 특히 우리는 5억 원대로 아파트를 매수했기 때문에 애초부터 대상에 해당되지 않는다고 생각했다.

혹시나 싶어 좀 더 알아보니 우리가 5억 원대에 거래한 것은 시세일 뿐, 기준시가가 아니었다. 기준시가는 양도세, 상속세, 증여세 등 세금부과 기준이 되는 주택 가격을 말한다. 국토교통부 공동주택공시가격을 열람하면 매년 1월 1일 기준으로 업데이트되는 아파트의 기준시가를 정확히 알 수 있다. 두근두근하는 마음으로 검색해 보니 세상에 3억 원도 안 한다. 지레 겁먹고 알아보지 않았다면 두고두고 후회했을 것이다. 다만, 주담대 소득공제를 받으려면 기준시가(4억 원 이하) 외에도 몇 가지 조건이 더 있다.

**주담대 소득공제 받기 위한 조건**

| 대출시기 | 상환기간 | 상환조건 | 공제한도(원) |
|---|---|---|---|
| 2015년~현재 | 10~15년 | 고정금리 or 비거치식 | 300만 |
| | 15년 이상 | 고정금리 + 비거치식 | 1,800만 |
| | | 고정금리 or 비거치식 | 1,500만 |
| | | 그 외 | 500만 |
| 2012~2014년 | 15년 이상 | 고정금리 or 비거치식 | 1,500만 |
| | | 그 외 | 500만 |

1 대출기간이 최소 10년 이상이어야 한다.

2 고정금리 또는 비거치식, 또는 고정금리+비거치식으로 상환해야 한다(변동금리는 불가).

3 주택 이전등기 후 3개월 이내에 주담대를 실행해야 한다.

4 무주택 또는 1주택 세대주여야 한다(오피스텔은 혜택 없음).

여기서 세 번째 조건이 중요하다. 주택 이전등기 후 3개월 이내에 주담대를 실행해야만 소득공제 신청이 가능하다. 우리처럼 세입자가 살고 있는 집을 매수한 경우라면 3개월 이내에 세입자가 집을 비워줘야만 소득공제 신청이 가능한 셈이다. 우리는 이 문제 때문에 세입자랑 이사 날짜를 조정하면서 몇 번이나 마음을 졸였는지 모른다. 다행히 세입자가 계약일자보다 먼저 집을 구하게 되어, 이전등기 후 3개월을 딱 하루 앞둔 시점에서 대출을 실행할 수 있었다.

| 6단계 | 대출서류 준비하기

대출서류는 대출실행일 기준으로 최소 3일 전에 처리가 완료되어야 한다. 대출 계획이 있다면 각종 서류를 미리 떼어놓고, 인감도장도 일찌감치 준비해 동사무소에 등록해야 한다.

우리 부부는 신랑 명의로 대출을 받았지만 주택이 공동명의였기 때문에 나 또한 담보증서를 작성했다. 채무자는 상환 능력을 증명해야 하므로 필요한 서류가 훨씬 많다. 주택 공동명의자이자 담보제공자인 나의 경우 기본적인 신분확인에 필요한 서류를 제출했다.

당시 N은행을 기준으로 주담대 필요 서류는 다음과 같다.

채무자  신분증 사본, 인감증명서, 주민등록초본(최근 5년간 주소지 포함), 등본, 재직증명서, 근로소득 원천징수영수증, 가족관계증명서, 등기필증 원본 등

담보제공자  신분증 사본, 인감증명서, 주민등록초본(최근 5년간 주소지 포함) 등

인감증명서는 인감 도장을 마련해 거주지 동사무소에 들러 자신의 인감을 등록한 뒤 발급받을 수 있다. 첫 인감 등록은 반드시 거주지 동주민센터에서만 가능하다. 이후부터는 어느 지역 동사무소에서든 발급된다. 나는 이 사실을 알지 못해 당일 반차를 써야 했다.

## 주담대 1억 5,000만 원, 고정금리 3.55%, 실 이자는 얼마나 될까?

첫 주담대 상담 때는 금리가 3.51%가 나왔는데 두 달 뒤 최종 대출실행일에는 이보다 소폭 오른 3.55%로 확정됐다. 그 사이 시중금리가 꾸준히 올랐기 때문이다. 가산금리는 1.3%로 같다. 우리 부부가 15년간 부담하는 총 이자는 약 4,000만 원에 달한다. 첫 달에는

**주택담보대출 최종 실행 내용**

| 대출금액 | 1억 5,000만 원 | | |
|---|---|---|---|
| 고정금리 | 3.55%(5년, 혼합형) | | |
| 대출기간 | 15년 | | |
| 상환방식 | 원금 균등상환 | | |
| 공제혜택 | 연 1,800만 원까지 대출이자 소득공제 | | |
| 중도상환수수료 | 연간 잔여 대출액의 10%까지 수수료 없음<br>(10% 초과 시 수수료 1.4%, 3년 후에는 상환금액에 관계없이 수수료 없음) | | |
| + 부대비용 | | | |
| 인지세 | 7만 5,000원 | 채권 | 9만 500원 |

120만 원대의 '원금(84만 원)+이자'를 갚고 시간이 갈수록 부담해야할 이자액이 줄어드는 구조다. 물론 중도상환을 적극 활용해 매년 대출이자 부담을 줄여나갈 계획이다.

이제 국내외 금융시장이 초저금리 시대와 작별을 고하고 있다. 대출금리 인상으로 신혼부부들의 고민이 더욱 깊어질 것이다. 나 역시 '좀 더 금리가 낮았을 때 대출을 받았다면 얼마나 좋았을까' 하는 아쉬움이 든다. 그러나 부부가 집을 매매하는 시기에 딱 맞춰 금융시장이 대출자에게 유리하게 돌아가기를 바라는 건 욕심일지 모른다. 신혼부부가 활용할 수 있는 대출상품과 지원조건을 미리 파악하고 전략을 세우는 것이 최선의 선택이다. 대출은 과하면 독이 되지만, 잘만 활용하면 시간을 벌어주는 지렛대 효과를 가져다주니까.

# 나의 몸값이
# 곧 우리 집 자산

수많은 재테크 기사나 종잣돈 모으기 성공사례에 꼭 달리는 댓글이 있다.

"수입 자체가 많으시네요."

"월급이 많으니까 저축률이 높은 거죠."

"월 200만 원도 못 버는 사람이 태반인 데 무슨 소리?"

아무리 유용한 재테크 노하우를 공유해도 당사자가 자신보다 수입이 많거나 안정적인 직장에 다니면, 어떤 노력을 했던 상관없이 깎아내린다. 이렇게 저축률이 높은 이유는 소득이 많아서고, 꾸준한 투자 수익을 낼 수 있는 것도 대기업에 다녀 여유가 있기 때문이란다. 그러니까 유난 떨지 말고, 자랑하지도 말라고 분노한다. 나 또한 블로그에 정기적으로 올리는 가계부나 소액투자 포스팅에서 비슷한

결혼 3년차, 4억 자산 모은 비결

댓글을 종종 본다.

아이러니하게도 이들의 상당수는 이미 자산을 불리는 본질적인 방법에 대해 알고 있다. 경제적 자립을 위한 가장 강력한 도구는 절약도, 저축도 아닌 소득 자체를 늘리는 데 있다는 것을 말이다. 절약과 저축은 재테크의 기초체력을 키워준다. 하지만 어느 단계에 도달하면 더 이상 아끼기만 하는 것은 한계가 있다. 생활비 10만 원을 줄이는 것보다, 기본소득 30만 원을 늘리는 것이 더 빠르게 자산을 불릴 수 있다.

사업가가 아닌 이상 평범한 월급쟁이가 자산을 늘리는 최고의 방법은 몸값을 올리는 것이다. 한 외국계 금융사가 발표한 〈2018 보고서〉에 따르면 매달 400만~700만 원을 버는 직장인들, 일명 '신흥소득자'들은 최고의 자산 증식 전략으로 직장 내 승진을 꼽았다. 초기자금이 필요 없고 부담해야 할 리스크가 없으며 노력한 만큼 뚜렷한 성과를 낼 수 있기 때문이다. 꼭 돈을 위해서가 아니라도, 내 분야에서 전문성을 갖고 몸값을 키워나갈 때 나의 잠재력과 가치 역시 커진다.

## ▎ 연봉을 3배로 올리는 방법

내가 이런 이야기를 자신 있게 할 수 있는 이유는 나 또한 누구보다 적은 월급으로 사회생활을 시작했고 지난 10년 사이 몸값을 3배

이상 높였기 때문이다. 여느 잘나가는 사람들처럼 애초부터 대기업에 다녀서 많은 월급을 받은 게 아니라는 소리다. 나는 불평불만과 자격지심으로 시간을 허비하는 대신, 이직을 통해 몸값을 올렸다.

10년 전, 나의 첫 월급은 180만 원이 채 안 됐다. 당시 나는 대학 졸업 후 한 케이블 방송국에서 아나운서로 근무했는데 이것저것 세금을 떼고 나면 손에 쥐는 돈은 170만 원 정도였다. 방송이 하고 싶어 선택한 직장이었지만 타지에서 홀로 생활하며 생활비를 충당하기엔 여간 빠듯한 돈이 아니었다. 나는 첫 번째 이직을 감행했다.

두 번째 직장은 신문사였다. 기자로 전직하면서 이전보다 연봉이 500만 원가량 올랐지만, 여전히 세후 월급은 200만 원 수준에 머물렀다. 한 가닥 희망이라면 기자의 개인 역량에 따라 매달 인센티브를 제공한다는 것이었다. 나는 보너스를 받기 위해 매달 평균 이상의 실적을 유지했지만 그럼에도 불구하고 연봉에 대한 갈증은 채워지지 않았다.

모든 직장인이 그러하듯 나 또한 월급에 늘 불만을 갖고 있었다. 타지에 홀로 살면서 생활비와 관리비, 회사생활에 필요한 부대비용을 지출하고 나면 실제로 남는 돈이 얼마 안 됐다. 잠시 마케팅 회사에 다니며 꽤 많은 월급을 받기도 했으나 몇 개월 만에 회사가 도산해 이마저도 물거품이 되었다. 해를 거듭할수록 나의 경력은 차곡차곡 쌓여갔지만 월급통장에 '3'으로 시작하는 숫자가 찍힌 적은 20

결혼 3년차, 4억 자산 모은 비결

대를 통틀어 단 한 번도 없었다.

　그렇다고 대단한 노력을 한 것도 아니었다. 나는 내 능력에 비해 월급이 적다고 푸념하면서도 변화를 위해 무언가 새롭게 시도하는 데 인색했다. 입으로는 불평불만을 쏟아냈지만 몸은 현실에 순응한 채 가까스로 현상유지만 하고 있었다.

　변화의 물꼬를 튼 건 지금의 남편과 결혼 이야기가 오가면서다. 당시 나는 잡지사 에디터로 근무하고 있었는데 세후 월급은 230만 원이 채 안됐다. 출퇴근 시간은 왕복 2시간 반에 달했고, 마감 때는 주말에도 출근해야 했다. 결혼자금을 마련하기 위해 아끼며 살았음에도 불구하고 월세와 관리비, 식비 등을 충당하면 월급의 50%를 손에 쥐기 힘들었다.

　처음엔 도시락을 싸서 다녔다. 점심값을 줄이기 위해 매일 아침 일찍 일어나 도시락을 싸는 수고를 마다하지 않았다. 그랬더니 매달 생활비가 10만 원 정도 줄었다. 그러나 시간이 흐를수록 내 월급으로 아낄 수 있는 부분에 한계가 있음을 깨닫게 되었다. 월급 230만 원으로 아무리 모은다 한들 한 달에 200만 원 이상 저축할 수 없는 노릇이었다.

　직장인이라면 누구나 교통비와 점심값, 통신비 그리고 회사생활에 필요한 약간의 품위유지비가 고정적으로 나간다. 나처럼 혼자 사는 사람은 여기에 월세와 관리비, 각종 공과금이 추가된다. 아무리

식비를 아껴도 네 식구가 월 20만 원 미만으로 살 수 없듯, 나 또한 아무리 소비를 통제해도 한 달에 고정적으로 나가는 지출을 감안하면 100만 원 모으기가 빠듯했다. 이런 상황에서 결혼이라는 새로운 미션이 부여되자 더 이상 피할 수 없다는 생각이 들었다. 현재의 월급으론 결혼 후에도 경제수준이 나아질 것이라 기대하기 어려웠다.

힘든 출퇴근 거리, 낮은 연봉, 동시에 결혼준비를 시작하며 위기의식을 느낀 나는 비로소 본업에서 승부를 봐야 한다는 결론을 내렸다. 회사에서 인정받아 승진을 하거나, 연봉을 1,000만 원 이상 올리거나, 그것도 부족하다면 더 좋은 회사로 이직을 해야 한다고. 프로포즈를 받은 직후라 마음이 더 조급했다.

일단 시간부터 아껴 썼다. 점심시간 1시간 가운데 도시락을 먹고 난 후 40분은 영어책을 보거나 자격증 공부를 시작했다. 입사 초에는 에디터들과 함께 밥을 먹으며 수다로 1시간을 흘려 보냈지만, 결심이 선 이후로는 의식적으로 잡담하는 자리를 피했다. 회사에 대한 불평불만과 상사의 뒷담화로는 현재의 내 삶에 아무런 변화도 줄 수 없었기 때문이다.

퇴근 후에는 포트폴리오를 정리하고, 이력서와 자소서를 2~3가지 버전으로 만드는 작업에 공을 들였다. 채용공고를 보다가 마음에 드는 회사가 있으면 이력서를 제출했고, 헤드헌팅 업체에도 이력서를 돌렸다.

결혼 3년차, 4억 자산 모은 비결

그로부터 3개월쯤 지났을까. 물에 젖은 솜처럼 축 처진 어깨로 퇴근하던 어느 날, 한 헤드헌팅사로부터 증권사 면접 권유를 받았다. 회사의 공식블로그를 담당하는 에디터 자리였다. 그간의 경력에 비추어 충분히 승산이 있는 게임이었다. 그날부터 나는 증권사들이 운영하는 공식블로그를 모니터링하며 정보를 수집했고, 구직자들의 면접 후기를 꼼꼼히 살폈다. 면접 당일엔 나의 장점을 적극 어필하며 임원들의 눈도장을 찍었다. 그렇게 나는 최종 면접에 합격했다.

상견례를 불과 2주 앞두고 접한 합격 소식에 양가 어른들은 무척이나 기뻐하셨다. 당시 나는 대기업에 이직했다는 기쁨보다 온전히 내 힘으로 한 단계 도약했다는 성취감이 더 컸던 것 같다. 자신감과 자존감은 하늘을 찔렀고 본격적인 결혼준비를 앞두고 마음이 한결 여유로워졌다.

단 한 번의 점프로 월급이 무려 100만 원 이상 올랐다. 더 이상 이전처럼 도시락을 싸지 않아도, 출퇴근 3시간 동안 버스에서 힘겨운 사투를 벌이지 않아도 통장에 꼬박꼬박 300만 원이 넘는 월급이 찍혔다. 특별히 돈을 아끼기 위해 무언가를 하지 않아도 이전보다 저축액이 확 늘어나는 걸 보며 소득의 힘을 절감했다.

대기업 이직에 성공했지만 여기에 안주하지 않았다. 전 직장에 비해 연봉은 크게 올랐지만 회사 내부의 대리급 연봉테이블에 비하면 한참 낮은 수준이었기 때문이다. 내가 일하는 증권회사는 공채

출신과 경력직, 파견직이 한데 모여 일을 한다. 경력직은 '전문직' 군으로 분류되어 매년 연봉협상을 새로 한다. 말만 전문직이지 사실상 계약직과 다름없다. 정규직보다 좋은 점은 자신의 능력에 따라 더 높은 연봉을 받을 수 있다는 것이다. 나는 1년 뒤 연봉협상에서 10% 이상 올리는 것을 목표로 1년간 누구보다 열심히 일했다.

기업 블로그 담당자에게 최고의 실적이란, 네이버 등 포털사이트 메인에 공식블로그가 자주 노출되어 방문자 수가 늘어나는 것을 의미한다. 돈 들여 광고를 하는 것이 아니라 포털 담당자에게 '픽업'이 되어야 하기에 오로지 양질의 콘텐츠로 승부를 봐야 한다. 나는 그간의 기자와 에디터 경험을 살려 사람들이 읽고 싶어할 만한 재테크 콘텐츠를 기획하고 직접 글을 썼다. 네이버에 뜨는 재테크 콘텐츠는 꾸준히 모니터링하며 주제를 분류했고, 같은 주제라도 이색적인 타이틀을 뽑는 데 공을 들였다. 매일 아침 일어나 포털 경제면에 회사 블로그의 포스팅이 떴는지 확인했다.

나의 간절함이 통했는지 초창기 월 6만 명에 불과했던 방문자 수가 1년도 안 돼 100만 명까지 치솟기 시작했다. 증권업계 1위는 물론이고, 전 금융권을 통틀어 2년 연속 공식블로그 톱 자리를 지켰다. 그해 연말 인사평가에서 부서 1등인 S등급을 받으며 첫 연봉협상에서 15%, 다음 인사평가에서 10%에 가까운 연봉을 올렸다. 입사 당시와 비교하면 만 2년 만에 약 26% 이상 몸값을 올린 셈이다.

비단 연봉인상으로 끝나지 않았다. 회사의 공식블로그가 네이버에 자주 노출되고 업계에서 입소문이 나자 벤치마킹하려는 기업들이 많아졌다. 내가 담당 에디터라는 사실이 알려지며 좋은 기회에 재테크 책도 출간할 수 있었고, 책을 펴내자 강의와 방송, 칼럼 의뢰가 이어졌다. 본업에 충실했을 뿐인데 더 많은 기회와 선택지가 생겨났다. 처음부터 책을 쓰려고 했다면, 방송활동을 시도했다면 절대 쉽지 않았을 일이다.

누군가에게는 이러한 얘기가 단순한 자랑으로 들리겠지만, 본업에서 스스로를 성장시키고 능력을 인정받는 것이 재테크에 있어서도 중요하다는 것을 꼭 강조하고 싶다. 재테크에서 가장 중요한 것은 꾸준한 현금흐름이고, 이는 본업에서 나온다. 본업은 가장 안정적인 투자처인 동시에 다양한 기회를 주며 우리 집 자산의 원천이 된다. '월급 200만 원'은 적어 보여도, 매달 투자만으로 '수익 200만 원'을 낸다고 생각하면 결코 적은 돈이 아니다. 설사 그러한 투자가 있다 해도 나의 노동력과 맞먹는 아주 치열한 공부가 필요할 것이다.

소득이 적다고, 월급이 짜다고 푸념하는 것은 좋다. 그러나 지금 당장 내 몸값을 높이기 위해 어떠한 노력을 하고 있는지 냉정하게 돌아보자. 아무런 실천도 하지 않으면서 그저 불평불만으로 하루를 헛되이 보내고 있는 건 아닌지, 돌아볼 필요가 있다.

지방 국립대를 졸업하고, 첫 월급이 170만 원에 불과했던 나도 꾸준한 노력으로 10년 만에 연봉을 3배로 늘리고, 다양한 부수입을 내며, 새로운 기회들을 쟁취했다. 이는 내가 특별해서가 아니라, 변화하고 싶다는 간절함이 모여 작은 노력과 실천들로 이어졌다고 생각한다. 기회는 누구에게나 오지만 누구나 그 기회를 잡는 것은 아니다. 소득을 늘리고 싶다면 본업에 올인해 몸값부터 올리자. 내 몸값이 곧 우리 집 자산이다.

# 부수입으로
# 꾸준한 현금흐름 만드는 법

    직장인에게 꾸준한 현금흐름은 본업에서 나온다. 그러나 본업의 최대 약점은 일을 관두는 순간 고정적인 현금흐름이 뚝 끊긴다는 것이다. 남자들은 결혼 후에도 직장생활을 이어가는 데 큰 무리가 없지만, 여자들은 출산과 육아로 인한 경력단절 위험에 노출된다. 아무리 직장에서 인정받고 몸값을 올린다 한들, 본업 자체를 포기하는 순간 현금흐름은 끊기고 만다.

    나 역시 유부녀가 된 이후 본능적으로 출산과 육아에 따른 경력단절을 의식하게 되었다. 내가 원하는 시기에 딱 맞춰 임신하는 것이 불가능하기 때문에 맞벌이를 하더라도 언제든 소득이 끊기는 상황을 고려해야 했다. 부수입을 내든 소액투자를 하든, 현금흐름이 마르지 않도록 하는 것이다.

갓 결혼한 여자의 재테크

그때 내가 공략한 방법이 '한 가지 능력을 다양한 채널에 활용하며 수익을 내는 것'이다. 내 경력이나 커리어와 무관한 분야에서 새로운 부수입 활동을 하는 것이 아니라, 내가 잘 할 수 있거나 과거에 이미 경험한 일, 현재의 본업과 연관성이 있는 분야에서 소득을 얻는 것이다. 부수입에 들이는 시간과 에너지를 최소한으로 줄이면서 수익의 효율성을 높이는 방법이다. 부수입으로 벌어들인 돈은 소액으로 재투자해 현금흐름이 끊기지 않도록 한다.

## 한 가지 능력을 다양한 채널에 활용하기

나의 본업은 재테크 콘텐츠를 만들어 SNS에 홍보하는 것이다. 과거에는 경제부 기자와 에디터로 활동했다. 따라서 나를 대표하는 핵심역량은 글쓰기, 재테크 콘텐츠, SNS 홍보 등이다. 부수입을 낼 때도 이 3가지 키워드로 관련성 있는 일만 시도했다.

부수입을 내기 위해 가장 먼저 한 일은 개인 SNS 채널을 만드는 것이었다. 그동안 회사 블로그는 열심히 관리하면서도 정작 내 개인 블로그는 몇 년째 방치해 두었다. 내가 가장 잘 할 수 있는 일은 콘텐츠를 기획하고 만드는 것이므로, 회사에서 그랬던 것처럼 내 블로그에도 공을 들이면 새로운 기회들이 생길 것이라 기대했다. 블로그의 주제는 '신혼부부 재테크'로 잡았다. 내가 가장 관심 있게 다룰 수 있는 분야였고 실제로 결혼한 지 얼마 안 됐기 때문에 콘텐츠를 만들며 스스로 공부할 수 있는 기회이기도 했다.

하나의 포스팅을 작성할 때마다 평균 4~5시간이 소요됐다. 어떤 주제는 일주일 내내 다듬고 고친 적도 많았다. 좀처럼 조회수가 늘지 않아 기운이 빠지기도 했지만 단 한 번도 시간 낭비라 생각한 적은 없었다. 지금 당장 블로그로 수익을 내지 못해도 글쓰기와 본업에 도움이 되는 활동이었기 때문이다. 쓰기 쉽다는 이유로 맛집이나 여행 포스팅을 다루거나 인기검색어 순위를 이용해 일시적으로 조회수를 높이는 일은 하지 않았다. 일관성 있는 콘텐츠를 꾸준히 업로드하며 블로그의 정체성을 유지하려 애썼다.

블로그를 시작한 지 5개월쯤 지나자 슬슬 반응이 왔다. 운 좋게도 한 달에 한두 번 네이버 메인에 노출되기 시작한 것이다. 블로그를 방문한 사람들은 내가 공들여 작성한 재테크 콘텐츠에 곧 흥미를 느꼈고 그럴 때마다 이웃이 폭발적으로 늘었다. 100명에 불과했던 이웃 수는 1년 사이 만 명으로 무려 100배가 뛰었다.

블로그가 활성화되자 부수입 활동도 가능해졌다. 여러 기업에서 체험단 및 기자단 의뢰가 들어오기 시작했다. 평소 관심이 있는 재테크 분야이거나 공공기관이 의뢰하는 공익성 콘텐츠만 일부 소화하며 부수입을 냈다. 단, 아무리 조건이 좋아도 맛집이나 인테리어, 생활용품 관련 상업성 포스팅은 다루지 않는 게 원칙이다. 부수입

몇 푼 더 벌자고 블로그의 정체성이 흔들리면 결국 얻는 것보다 잃는 것이 더 많기 때문이다.

네이버 애드포스트 배너광고를 통해서도 추가적인 부수입을 얻는다. 블로그에 포스팅을 작성하면 하단에 키워드 광고가 자동으로 삽입되는 구조여서 초기 한 번만 설정해두면 별다른 품이 들지 않는다. 처음엔 한 달 수익이 1만 원대에 불과했지만, 일관성 있는 콘텐츠를 꾸준히 쌓아가자 이제는 월 10만 원 내외의 부수입이 들어오고 있다.

두 번째 부수입은 책 출간에 따른 인세다. 회사 공식블로그의 재테크 에디터로 알려지며 한 출판사로부터 출간 의뢰를 받았다. 좋은 기회였지만 생애 첫 출간이었고 초짜 작가였기에 두려움이 컸던 게 사실이다. 무엇보다 직장인이 책을 낸다는 것은 곧, 신혼 초 주말과 자유시간을 반납하고 온전히 집필에 전념해야 한다는 걸 의미했다. 그럼에도 나는 도전했다. 책의 주제가 나의 커리어와 무관치 않은 재테크 영역이었기 때문이다. 유용한 재테크 정보를 보기 쉽게 정리하는 작업이 9할을 차지했기에 한 번 해보자는 결정을 내릴 수 있었다.

사실, 베스트셀러 작가가 아닌 이상 나 같은 초짜 작가에게 인세 수익은 야박하기 그지없다. 첫 출간에 3쇄(개정판)까지 찍어 나름 선방했음에도 불구하고 몇 달간 쏟은 노력에 비하면 정산된 인세는 400만 원이 채 되지 않는다. 그러나 인세는 단발성에 그치지 않고 꾸준히 발생하기 때문에 출간 후 별다른 노력 없이도 소액의 인세가 쌓인다.

세 번째는 칼럼 쓰기다. 책 출간 후 한 공공기관의 월간 소식지에 푼돈 재테크 칼럼을 기고하고 있다. 생활 속에서 손쉽게 돈을 아낄 수 있는 방법을 소개하는 코너다. 나는 책과 블로그에서 소화한 주제 가운데 시의성 있는 소재를 선별한 뒤 실제 경험을 덧붙여 칼럼을 쓴다. 칼럼 한 꼭지에 2~3시간 정도 투자하면 월 15만 원 상당의 부수입이 통장에 찍힌다.

종편의 한 경제 프로그램에도 종종 패널로 참여하고 있다. 첫 사회생활을 시작한 곳이 방송국이었기 때문에 내게 방송은 그리 두려운 매체가 아니다. 방송 주제가 정해지면 이전과 마찬가지로 내가 쓴 책과 블로그 콘텐츠를 참고해 2차 가공하고, 추가적인 정보를 수집해 대본 작업을 한다. 새로운 주제라면 시간을 좀 더 투입하되, 방송 후에는 또 다시 포스팅에 활용한다. 방송은 다른 부수입 활동에 비해 시간이 오래 걸리지만 출연료가 그만큼 많기 때문에 노력 대비 가성비가 좋은 편이다. 출연료는 방송 1~2시간 기준으로 20만~40만 원 선이다.

이렇게 발생한 부수입은 고스란히 재투자한다. 수입이 늘었다는 이유로 부족한 생활비를 메우는 것이 아니라, 투자의 종류나 규모를 키워 현금흐름이 끊기지 않도록 선순환 구조를 만드는 것이다. 애드

갓 결혼한 여자의 재테크

포스트로 얻은 부수입은 금리 4%짜리 자유적금상품에 넣어두고, 칼럼 수익은 연금에 보태며, 인세의 일부는 주식 투자에 활용한다.

이렇듯 나의 부수입 활동은 재테크 콘텐츠를 기본으로 하되, 콘텐츠를 조금씩 변형시켜 다양한 채널에서 유통하는 것이 포인트다. 요새는 마음만 먹으면 앱테크, 체험단, 모니터단 등 여러 방법을 통해 부수입을 낼 수 있다. 나처럼 자신의 커리어를 살리거나 자신이 잘할 수 있는 분야를 공략하면 더더욱 성공 가능성을 높인다. 단돈 몇만 원이라도 매달 꾸준하게 현금흐름이 발생한다면 이 돈은 허투루 흩어지지 않는다. 설사 일을 그만두더라도 최소한의 현금흐름으로 가계를 지탱할 수 있다.

결혼 3년차, 4억 자산 모은 비결

# 월 500만 원
# 노후자금 플랜

　남편은 8년차 공무원이다. 공무원이란 직업이 상징하는 것 중 하나가 안정된 직장과 준비된 노후가 아닐까 싶다. 남편이 공무원이라고 하면 그가 회사에서 어떤 일을 하는지 물어본 사람은 없었어도 "평생 직장이라 좋겠어요", "연금 나오니까 노후 걱정 없겠다"라는 반응은 한결같았으니까. 그리 틀린 말도 아니다. 나 역시 그와 결혼을 결심했을 때 '월급은 적어도 노후는 걱정이 없을 거야'라며 마음의 위로를 했다. 그땐 공무원이면 다 노후 걱정이 없는 줄 알았다.

　그런 그와 결혼한 뒤 가장 놀랐던 것은 비교적 노후 안전지대에 있는 공무원들조차 공무원연금과 별개로 노후준비를 철저히 한다는 사실이었다. 남편은 경제관념이 그리 뛰어난 사람도 아니었는데 결혼을 앞두고 그에게 공무원연금 말고도 따로 개인연금과 퇴직급여

(공무원전용 노후대비 상품)가 있다는 사실을 알고 깜짝 놀랐던 기억이 있다.

"공무원연금도 있는데 연금을 또 들었어? 의외다~!"

"갈수록 공무원연금이 줄어서 내가 받을 때면 얼마 안 될 거야. 다들 그렇게 생각하는 분위기야."

"그렇구나…(나보다 낫네)."

비교적 노후빈곤에 자유로운 공무원들조차 이렇게 노후준비에 열심이라니. 평범한 직장인인 나로서는 놀라지 않을 수 없었다.

노후준비를 위한 연금상품은 시중에 차고 넘친다. 운용방법도 대개 비슷비슷하다. 중요한 것은 얼마나 좋은 상품에 가입하느냐가 아니라, 은퇴 후 부부가 목표하는 노후자금이 얼마인지 설정하고, 이에 맞는 상품과 투자액을 정하는 것이다.

동갑내기 부부인 우리는 30년 뒤 노후자금으로 월 500만 원을 목표로 하고 있다. 한 통계에 따르면, 현재 은퇴생활자들은 매달 300만 원에 가까운 노후자금이 있어야 의식주를 포함한 기본 생활이 가능하다고 한다. 여기에 두 사람이 여가생활을 즐기고, 해외여행도 다니며, 손주들에게 용돈이라도 주려면 현재의 화폐가치로 최소 월 500만 원 이상은 있어야 한다.

그래서 우리는 은퇴 후, 정확히는 70세 이후, 최소 월 500만 원 이상의 현금흐름을 확보하기로 했다. 노후자금의 기본은 국민연금과 개인연금, 공무원연금, 퇴직연금, 주택연금으로 하되, 금융소득과 임대소득을 통한 추가 소득이 발생하도록 계획을 세웠다. 신혼 3년차, 맞벌이 부부인 우리의 노후자금 플랜은 다음과 같다.

## 국민연금으로 월 100만 원 확보

노후자금 500만 원 가운데 100만 원은 국민연금으로 준비할 계획이다. 국민연금은 강제성을 띠기 때문에 마치 국가에서 뺏어가는 돈처럼 인식하기 쉽지만, 회사가 절반을 부담해주는 데다, 나라가 망하지 않는 한 못 받을 일이 없기에 노후를 위한 가장 기본적인 사회보장제도다.

나는 9년 정도 직장생활을 했고 향후 15년간 더 일한다고 가정했을 때, 나의 국민연금 예상수령액은 월 100만 원 수준이다. 남편은 공무원이기 때문에 국민연금은 나에게만 해당한다. 직장인일 때는 직장가입자로, 일을 하지 않을 때는 지역가입자로 납부를 이어갈 계획이다. 출산, 육아 등으로 일시적 경력단절이 발생하면 국민연금 납입유예제도를 활용하되, 어떤 형태로든 총 25년은 채우려 한다.

국민연금의 가장 큰 장점은 연금액이 물가에 연동된다는 것이다. 개인연금은 투자수익률에 따라 수령액이 달라지지만, 국민연금은 물가상승률이 고스란히 반영되기 때문에 물가가 오른 만큼 연금 수령액이 많아진다. 매년 4월, 전년도 소비자물가 변동률에 따라 연금액을 조정해 지급하기 때문이다. 수십 년이 지난다 해도 화폐가치가 뚝 떨어지지 않는다는 얘기다. 35년 뒤 내가 수령하게 될 국민연금 역시 현재의 화폐가치로 월 100만 원 정도이지 싶다.

## 개인연금으로
## 월 60만 원 확보

매달 소득의 50만 원은 개인연금에 붓고 있다. 납입기간은 상품에 따라 짧게는 10년에서 많게는 23년, 납입액은 각각 10만~25만 원 선이다. 내 앞으로 40만 원, 신랑 앞으로 10만 원을 부담한다. 개인연금은 매년 세제혜택을 받는 연금저축과 만기 시 세금을 떼지 않고 운용수익을 전부 가져가는 연금보험이 있는데, 우리가 가입한 상품은 모두 후자에 속한다. 신랑은 경력단절 없이 직장생활이 가능하므로 연말정산 혜택이 있는 연금저축 상품도 괜찮지만 결혼 전에 가입한 것이라 그대로 두었다.

3개의 연금보험을 만기까지 납부하면 총 납입원금은 8,000만 원 정도 된다. 납입이 끝나면 추가 납입을 하거나 원금 그대로 20~30년간 더 굴릴 수 있다. 만약 추가 납입 없이 20년 이상 굴릴 경우, 연 수익 5% 기준으로 1억 6,000만 원 정도 되지 싶다. 다만 개인연금은 물가상승률이 반영되지 않기 때문에 투자수익률에 의존해야 한다. 종신형으로 선택할 경우, 월 지급액도 확 줄어든다. 70~90세까지 20년간 수령한다고 가정했을 때, 월 60만 원 정도 기대하고 있다.

## 공무원연금으로
## 월 200만~250만 원 확보

부모님 세대만 해도 공무원으로 은퇴하면 월 200만~450만 원 수준의 연금을 받았지만, 30년 뒤에는 줄면 줄었지 더 늘어날 일은 없어 보인다. 28세에 공무원 생활을 시작한 신랑이 약 65세에 은퇴한다고 가정하면 총 37년을 납부하게 되므로 월 수령액은 200만~250만 원으로 잡았다.

## 퇴직연금으로
## 월 90만 원 확보

현 직장에서 쌓은 나의 퇴직연금 잔고는 약 1,100만 원이다. 앞으로 10년 이상 직장생활을 이어갈 생각이므로 원금 기준 5,000만 원 이상은 확보하려 한다. 그 사이 직장을 옮기면 퇴직연금을 퇴직연금계좌(IRP)에 이관하고 운용을 이어나가야 한다. 은퇴 후 퇴직연금으로 매달 30만~40만 원 수령하는 게 목표다.

신랑은 공무원이라 퇴직금이 없지만, 노후대비를 위해 입사 초부터 퇴직급여상품에 월 20만 원씩 납입하고 있다. 퇴직급여는 공무원만 가입 가능한 일종의 퇴직연금상품인데, 납입기간이 정해져 있지 않고 공직생활 내내 월 최대 100만 원까지 납부할 수 있는 게 특징이다. 연복리 3.4%(변동금리)로 운영되기 때문에 은퇴할 때까지 납입을 유지할 생각이다. 은퇴 후 일시금으로 받거나 분할지급 중에 선택할 수 있다.

신랑의 은퇴 시점까지 매달 20만 원씩 35년간 납입하면 원금 기준으로 9,000만 원이다. 대충 계산해보니 최소 1억 3,000만 원 이상은 될 것 같다. 은퇴 후 20년간 분할지급을 받으면 월 50만~60만 원 정도 수령할 수 있다.

## 투자수익 및 임대수익으로 월 100만 원 확보

연금 외에도, 금융상품 투자수익과 임대수익 등으로 월 100만 원 이상 노후자금을 마련하고자 한다. 현재 보유한 부동산은 실거주용 아파트 한 채가 전부이지만, 향후 종잣돈을 열심히 모으고 불려서 임대용 주택을 한두 채 더 사는 것이 목표다. 동시에 주식과 펀드, 채권, ETF 등 다양한 금융상품에 투자해 연금 외 수익으로 월 100만 원의 현금을 확보하려고 한다.

지금까지 언급한 총 5가지 플랜으로 우리 부부의 노후자금은 총 550만~600만 원이 확보된다. 만약 계획대로 자금이 확보되지 않을 경우, 주택연금을 추가로 활용할 생각이다.

## | 주택연금

시가 9억 원 이하 주택을 담보로 맡기고, 평생 또는 일정 기간 연금을 받을 수 있는 상품이다. 자녀에게 물려줄 것이 아니라면, 한 채 정도는 주택연금으로 안정적인 노후자금을 확보하는 것도 괜찮다. 주택가격 3억 원을 기준으로, 20년간 주택연금을 수령하면 월 평균 83만 원 정도다(이율 2.67% 가정 시). 주택연금은 은퇴 후 경제수준에 따라 결정할 예정이다.

우리 부부는 연금 위주로 노후자금 플랜을 짰지만, 가정경제 상황이나 투자 스타일에 따라 적금, 주식, 펀드, ETF 등 다양한 금융투자 상품으로 노후자금을 구성할 수도 있다. 중요한 건, 앞서 강조했듯 부부가 기대하는 노후자금을 명확히 정하고 그에 맞는 구체적인 플랜을 짜보는 것이다.

당장 30~40년 후 미래를 내다보고 노후를 준비하는 것이 쉽지만은 않다. 나 역시 '열심히 돈만 모으다 일찍 죽으면 어떡하냐'는 우스갯소리를 종종 한다. 그러나 가능성이 희박한 일에 내 인생을 걸 수는 없는 법. 은퇴 후 소득이 끊겨도, 나는 지금처럼 여유롭고 안정적이며 인간다운 삶을 살고 싶다. 젊을 땐 돈이 없어도 젊음 자체로 빛이 난다. 그러나 나이가 들면, 경제적 여유가 그 사람을 한결 더 어른답게 만들어주기도 한다.

# 아이 없는 부부,
# 연말정산에서 살아남기

맞벌이 부부, 특히 아이 없는 신혼부부는 상대적으로 연말정산 혜택을 누리기 어렵다. 자녀가 많은 부양가족에게 밀리고, 소득이 적은 외벌이 부부에게도 밀린다. 환급은커녕 세금을 토해내지 않으면 다행이다.  그나마 결혼 첫 해에는 혼수품 마련과 결혼식 준비로 카드와 현금 사용이 많아 일시적으로 세금이 줄어들지만, 이마저도 부부가 전략을 짜서 적절히 조절하지 않으면 절세 혜택을 극대화할 수 없다.

과거만 해도 '절세'라고 하면 부자들에게나 통용되는 이야기였지만, 지금은 세원이 고스란히 노출되는 직장인에게 가장 필요하다. 요즘 같은 저금리 시대에는 1%대 이자율을 챙기는 것보다 내야 할 세금을 줄이는 것이 자산을 빠르게 불리는 지름길이다.

매년 돌아오지만 매번 복잡하고 어려워 사실상 손 놓고 있었다면 결혼을 계기

갓 결혼한 여자의 재테크

로 연말정산 재정비를 해보자. 싱글 때처럼 세금을 토해내기 싫다면, 아이 없는 신혼부부가 연말정산에서 살아남는 몇 가지 팁에 주목하길 바란다.

## 소득공제 vs 세액공제

소득공제는 과세 대상이 되는 소득을 공제해주는 것이다. 예를 들어, 연봉이 3,000만 원인데 이 중 800만 원에 대해 소득공제 혜택을 받는다면 2,200만 원에 대해서만 세금을 물리는 것이다. 소득이 많아질수록 세율도 높아지는 구조이므로, 소득공제를 통해 과세 구간을 낮추는 것이 절세에 가장 유리하다.

반면, 세액공제는 실제 근로자가 내야 할 세액의 일부를 직접 공제해주는 것이다. 연봉 3,000만 원에 대한 구간 세율을 적용한 뒤 총 30만 원의 세금이 나왔는데 이 중 15만 원을 세액공제 받는다면, 실제 내야 할 세금은 15만 원이 된다. 눈에 보이는 숫자가 곧 내가 더 내야 할 세금이거나 돌려받아야 할 세금이라고 이해하면 쉽다.

## 소득공제 전략

### ● 부녀자 공제

결혼 후 혼인신고를 하면 여자로서 챙길 수 있는 소득공제 항목이 하나 생긴다. 바로 부녀자 공제다. 종합소득금액이 3,000만 원 이하이면서 배우자가 있는 여성이라면 남편의 소득과 관계없이 누구나 공제혜택을 받을 수 있다. 여기서 종합소득금액 3,000만 원은 직장인 기준으로 실제 연봉 4,000만 원 초반대(약 4,147만 원) 수준이라고 보면 된다. 공제 문턱이 은근히 높지 않으므로 반드시 챙기자.

## ● 체크카드와 신용카드 공제

맞벌이하는 신혼부부에게 체크카드와 신용카드는 빠트려서는 안 될 소득공제 중 하나다. 총 급여액의 25%를 초과해 사용한 경우, 초과분에 한해 체크카드는 30%, 신용카드는 15%를 소득공제 해준다. 공제한도는 최대 300만 원이다. 만약 연봉이 3,000만 원인데 카드로 1,000만 원 사용했다면, 총 급여액의 25%(750만 원)을 초과하는 250만 원이 소득공제 대상이다. 여기에 전통시장이나 대중교통 사용분이 추가로 공제된다.

한 가지 팁이라면, 연 소득의 25%를 채울 때까지는 체크카드를 쓰든 신용카드를 쓰든 공제혜택이 없다는 것이다. 따라서 기준금액을 채울 때까지는 할인 혜택이 많은 신용카드를 집중 사용하고, 기준금액이 넘어가면 공제율이 높은 체크카드를 쓰는 것이 좋다.

공제혜택을 극대화하기 위해서는 부부의 소득에 따라 카드 사용을 달리해야 한다. 만약 부부의 급여 차이가 크지 않다면 부부 가운데 소득이 좀 더 낮은 배우자가 카드를 집중적으로 사용하는 것이 유리하다. 공제 문턱인 '총 급여액 25%'를 쉽게 넘길 수 있기 때문이다. 부부의 월평균 카드사용액과 연 소득 수준을 점검해본 뒤 급여가 낮은 배우자가 공제 한도 300만 원을 먼저 채우고, 이후부터 다른 배우자가 카드를 사용한다. 반면, 부부간 급여 차이가 크다면 소득이 높은 배우자가 먼저 카드 공제 한도를 채우는 게 낫다. 연봉이 높으면 납부한 세금이 많고, 그만큼 소득공제로 인한 절세액이 커진다. 일단 공제 문턱만 넘으면, 신용카드보다 공제율이 높은 체크카드와 현금을 사용하자.

• **문화생활 소득공제**

2018년부터 신설된 소득공제 항목이다. 연간 총 급여액이 7,000만 원 이하인 근로소득자 가운데 신용카드 사용액이 총 급여액의 25%를 초과하면 이 중 도서 및 공연비에 쓴 비용에 대해 30%를 소득공제 해준다. 공제 한도는 최대 100만 원까지다. 신용카드 소득공제와 중복 공제가 가능하므로 평소 문화생활을 자주 하는 신혼부부라면 혜택을 놓치지 말자.

• **주택청약종합저축 공제**

신혼부부의 내 집 마련을 돕는 주택청약종합저축도 쏠쏠한 소득공제 혜택을 제공한다. 연 소득 7,000만 원 이하 근로자 가운데 무주택자는 연간 240만 원 한도로 청약통장 저축액의 40%를 소득공제 받을 수 있다. 배우자가 가입한 통장은 사용할 수 없고 각자 신청해야 한다. 예를 들어, 매달 20만 원씩 청약저축을 하고 있다면 연간 납부액 240만 원 가운데 40%인 96만 원을 소득공제 받는다. 많이 써야 돌려받는 카드공제와 달리, 청약통장은 저축을 하면서 청약 기회를 노리고 소득공제까지 챙길 수 있다. 연말정산 전 은행에 방문해 주택청약 무주택확인서를 발급받아 회사에 제출하면 된다.

• **주택임차차입금 상환액 공제**

전세자금 대출을 받아 신혼집을 마련한 신혼부부라면 은행에 납부하는 이자에 대해 소득공제 혜택을 챙길 수 있다. 무주택 세대의 세대주 또는 세대원인 근로자가 전용면적 85㎡ 이하 주택 또는 주거용 오피스텔을 임차하기 위해 대출한 금액에 대해 원리금(원금+이자) 상환액의 40%를 소득공제 해준다. 한도액은 300만 원까지다(주택청약종합저축 소득공제와 합산).

예를 들어, 매달 금융기관에 원리금 50만 원을 갚는 신혼부부라면, 연간 차입금 600만 원 가운데 40%인 240만 원을 소득공제 받게 된다. 세대주나 세대원 누구나 신청할 수 있으나 중복 신청은 불가하다.

한 가지 특이한 점은, 금융기관이 아닌 개인(가족 포함)에게 대출하는 경우도 소득공제 신청이 가능하다는 것. 단, 이 경우 신청자의 급여액, 이자율, 차입기간 등 소득공제 조건이 더 까다롭다.

### • 장기주택저당차입금 공제

내 집 마련을 위해 금융권에서 주택담보대출 등을 받은 경우 연간 부담하는 이자 전부에 대해 소득공제 혜택을 받을 수 있다. 무주택자인 근로자가 기준시가 4억 원 이하 주택을 취득하기 위해 금융기관 등에서 대출을 받은 경우, 장기주택저당차입금의 이자 상환액(300만~1,800만 원 한도)에 대해 100% 공제된다. 세대주와 세대원 누구나 신청 가능하다.

만약 주택담보대출로 1억 5,000만 원을 실행하고 매달 이자로 40만 원씩 갚고 있다면, 1년간 480만 원이 소득공제된다. 단, 주택 명의자와 대출자 명의자가 같아야 하고 주택 등기 후 3개월 내 대출을 실행해야 소득공제 신청이 가능하다. 부부 공동명의 주택인 경우, 두 사람 중 대출 받은 사람이 신청하면 된다.

## 세액공제 전략

### • 자녀 세액공제

만 6세 이상~ 20세 이하 자녀에 대해 자녀 1인당 150만 원의 기본공제(소득공제)를 적용하고, 첫째와 둘째 자녀 15만 원, 셋째 자녀부터는 30만 원의 자녀 세액공제를 추가 적용해준다(만 6세 이하 자녀에 대해서는 월 10만 원씩 아동수당이 지급되므로 연말정산과 중복혜택은 불가하다).

### • 개인연금저축 및 퇴직연금 공제

부부가 노후준비를 위해 개인연금저축에 가입했다면 연간 400만 원 한도 내에서 납입액의 16.5%(최대 66만 원)를 돌려받을 수 있다. 만약 매달 30만 원을 연금저축에 붓는다면 연간 납입액 360만 원 가운데 16.5%인 59만 4,000원을 돌려받는다(연 소득 5,500만 원 이하 시 16.5%, 연 소득 5,500만 원 초과 시 13.2% 공제). 단, 개인연금보험은 세액공제 대상이 아니므로 헷갈리지 말자. 개인연금은 저축과 보험 두 가지 형태로 판매되는데, 개인연금저축은 매년 세액공제 혜택을, 개인연금보험은 만기 시 비과세 혜택을 받는 연금상품이다. 자신이 가입한 연금상품이 세액공제 대상에 해당하는지 확인해야 한다.

근로자 한 사람이 개인연금저축으로 챙길 수 있는 절세액은 연 최대 66만 원이다. 월 납입액으로 환산하면 33만 원 정도다. 따라서 맞벌이 부부라면 배우자 한 사람에게 연금저축을 몰아주는 것보다 두 사람이 골고루 가입하는 것이 낫다. 예를 들어, 남편이 45만 원, 아내가 20만 원씩 연금에 붓는 것보다, 남편과 아내가 각각 33만 원씩 가입하는 것이 연말정산 환급액을 극대화하는 방법이다.

동시에, 퇴직연금을 운용 중이라면 추가로 300만 원 한도 내에서 세액공제가 된다. 연금저축 납입액 400만 원과 퇴직연금 납입액 300만 원을 합해 총 700만 원 한도 내에서 16.5%가 세액공제 되어 최대 115만 5,000원을 환급 받을 수 있다.

단, 연금저축은 중도 해지하면 납입원금과 운용수익에 기타소득세를 추가로 내야 한다. 소득이 높을 경우 해지 비용이 세액공제 혜택보다 크므로, 무작정 해지하기보다 납입중지나 납입유예 제도를 고려하는 편이 낫다.


## • 보장성보험 공제

생명보험, 상해보험, 손해보험 등 보장성보험은 매년 100만 원 한도로 납입액의 13.2%를 세액공제 받을 수 있다. 매년 보험료로 100만 원을 지출했다면 13만 2,000원을 돌려받는다. 장애인 전용 보장성보험은 최대 16.5%까지 세액공제 받는다.

보장성보험은 부부가 각각 계약자가 되어 혜택을 챙겨야 한다. 예를 들어 아내가 계약자, 남편이 피보험자(실제 보험 혜택을 받는 사람)라면 공제혜택은 계약자인 아내가 받을 수 있다. 맞벌이 부부라면 계약자와 피보험자를 각자의 명의로 일치시키고, 외벌이 부부라면 경제활동을 하는 배우자를 계약자로 해 납입한도 100만 원까지 채워주는 것이 낫다. 자녀를 피보험자로 하는 보장성보험은 자녀를 기본공제대상자로 공제 받는 배우자가 계약자여야 공제 가능하다.

갓 결혼한 여자의 재테크

## • 월세 공제

신혼집을 월세로 마련했다면 월세 공제 또한 빠트리지 말아야 할 항목이다. 1
년간 지불한 월세 가운데 750만 원 한도로 12%가 세액공제 된다(연 소득 5,500
만 원 이하 시 12%, 연 소득 5,500만~7,000만 원 10%). 매달 60만 원씩 월세를 부담
한다면 연간 720만 원 가운데 86만 4,000원을 돌려받는 것이다. 매달 부담하
는 월세에서 12% 할인 받는 것과 다름없다.

연 소득 7,000만 원 이하이면서 무주택자 그리고 주택 및 주거용 오피스텔
등 전용면적 85㎡에 거주하는 세입자가 대상이다. 부부 중 한 사람의 소득이
7,000만 원 이상이라면, 소득이 더 낮은 배우자가 신청하면 된다. 배우자가 월
세 계약한 경우라도 본인이 대신 청구할 수 있다. 주민등록등본, 부동산 임대차
계약서 사본, 월세지불 증명서류를 회사에 제출하면 된다.

단, 등본과 계약서상 주소가 다르면 공제 받을 수 없으므로 반드시 전입신고가
되어 있어야 한다. 집주인의 동의 없이도 공제 가능하지만, 월세 인상 등 불이
익이 예상된다면 이사 후 5년 이내 월세 경정청구를 통해 돌려받을 수 있다.

## • 의료비 공제

의료비는 연봉이 낮은 배우자에게 몰아주는 것이 유리하다. 총 급여액의 3%
초과분에 한해 15%가 세액공제 되는데, 연봉이 낮을수록 문턱을 넘기기 쉽기
때문이다. 예를 들어, 1년간 의료비로 200만 원을 지출했다고 가정하자. 남편
의 연봉이 4,000만 원이라면 급여의 3%(120만 원) 초과분인 80만 원이 세액공
제 되지만, 아내의 연봉이 3,000만 원이라면 급여의 3%(90만 원) 초과분인 110

만 원에 대해 세액공제를 받는다. 남편이 의료비 공제를 받는 것보다 30만 원을 더 돌려받는 셈이다. 의료비 공제 한도는 무제한이며, 부양가족은 최대 700만 원까지다.

자연분만, 제왕절개 등 출산 병원비도 의료비 공제에 포함되며, 신용카드 결제 시 카드 소득공제와 중복으로 적용 받을 수 있다. 맞벌이 부부가 배우자를 위해 쓴 의료비는 최초 지출한 사람이 공제 받으며, 자녀의 의료비는 자녀에 대한 기본공제를 받는 사람만 신청할 수 있다. 일반 의료비뿐 아니라 시력교정용 안경, 콘택트렌즈 등도 공제 대상이므로 영수증을 챙겨 회사에 제출하면 된다.

단, 병원비를 썼다고 해도 사내근로복지기금에서 받은 의료비 또는 보험회사에서 수령한 보험금으로 병원비를 지급한 경우 의료비 공제에서 제외된다. 출산 전 국민건강보험공단으로부터 받은 진료비지원금(국민행복카드 등)이나 본인부담금상한제 사후환급금, 병원 진단서 비용도 공제 받을 수 없다.

● **교육비 공제**

현재 대학 및 대학원에 다니고 있는 신혼부부라면 교육비 공제에 주목할 필요가 있다. 자신 또는 부양가족이 쓴 교육비에 대해 15%를 세액공제로 돌려받는다. 교육비는 본인 공제와 배우자 및 부양가족 공제로 분류되는데, 본인이 쓴 대학원 교육비, 직업능력개발훈련시설 수강료 등은 제한 없이 사용액의 15%를 돌려받는다. 반면, 부양가족의 경우 영유아~고등학생까지는 1명당 연간 300만 원, 대학생은 900만 원 한도로 공제해준다. 이때 부양가족의 연 소득은 100만 원을 넘지 않아야 한다.

단, 부양가족의 대학원 교육비는 공제대상에 해당하지 않는다. 맞벌이 부부가 함께 대학원에 다닌다면 각자 세액공제를 신청해야 한다. 학교에서 장학금을 받는 경우엔 해당 비용을 제외한 실교육비에 대해서만 공제된다(학자금 대출로 납부한 경우 공제 불가).

### • 학자금 대출 공제

결혼 후에도 학자금 대출을 갚고 있는 신혼부부라면 학자금 대출 원리금 상환 시 15%를 세액공제 받을 수 있다. 단, 앞서 언급한 교육비 공제와 중복 공제는 불가하다. 참고로, 대학이나 대학원이 국세청에 제출하는 자료에는 학자금 대출로 납부된 금액이 제외되므로 이 부분이 누락되지 않도록 확인해야 된다. 대출 받은 근로자 본인만 공제를 신청할 수 있다.

## 누락된 연말정산, 5년 내 신고하면 된다

연말정산 때 빠트렸거나 누락된 항목이 있다면 5월 종합소득세 신고 때 추가 환급을 신청하거나 5년 내 주소지 관할 세무서에 경정 청구가 가능하다. 국세청 홈페이지에서 '과세표준 및 세액의 경정청구서'를 내려 받아 작성한 후, 신고서 초기 사본과 경정청구 자료를 첨부해 세무서에 제출하면 된다. 국세청 홈택스 홈페이지에서 자동 작성 서비스를 이용하면 수정 사항만 입력해 제출할 수도 있다.

# 아내가 아닌
# 여자로서
# 경제적 자립하기

# 내가
# 돈을 모으는 이유

20대 때의 나는 어딜 가나 당당하고 자신감이 넘쳤다. 어렸고, 예뻤고, 빛났다. 부모님이 물려주신 밝은 성격과 재치 있는 말솜씨는 나의 강점이었다. 금수저로 태어나진 않았지만 살면서 경제적으로 큰 어려움을 겪어본 적은 없었다. 지방 소도시에서 나고 자란 덕분에 대도시처럼 입시경쟁이 치열한 환경도 아니었고, 국립대에 다녔으니 등록금 부담도 크지 않았다. 마음엔 늘 여유가 있었다.

첫 사회생활은 부산에 있는 한 방송국에서 시작했다. 당시 나의 월급은 세금 떼고 나면 180만 원이 채 되지 않았는데, 이 돈으로 타지에서 혼자 생활하기가 여간 빠듯한 게 아니었다. 대학생 때만 해도 매년 용돈 협상을 벌여야 할 정도로 부모님은 돈에 엄격하셨지만, 딸의 독립과 함께 마음이 약해지셨다. 타지에서 홀로 생활하는 자식이

갓 결혼한 여자의 재테크

안쓰러워 선뜻 5,000만 원짜리 전셋집을 마련해주셨다. 만날 때마다 맛있는 음식을 먹이고, 헤어질 땐 두 손에 차비를 쥐여 주셨다.

그땐 그것이 당연한 줄 알았다. 자식을 위해 몇천만 원씩이나 되는 돈을 턱 하니 내놓는 것, 자식에게 용돈 한 번 받아보지 못했으면서 헤어질 땐 차비를 손에 꼭 쥐여 주는 것, 자식이 경제적으로 쪼들릴까 걱정돼 매년 무리해서 보증금을 보태주는 것. 모든 부모가 다 이렇게 하는 줄로만 알았다. 부끄럽지만 그랬다.

경제관념이 없었던 나는 20대 때 큰돈을 모아본 적이 없다. 친구들이 적은 월급으로 차곡차곡 돈을 모아나갈 때 나는 내 인생에 투자한다며 쓰기 바빴다. 딱히 명품을 사거나 쇼핑을 즐기는 타입도 아니었는데, 여느 20대처럼 외식 몇 번 하고 옷 몇 벌 사고 여행 좀 다니다 보니 통장잔고는 늘 빠듯했다. '월급이 적으니까', '타지에 혼자 사니까', '돈보다 청춘이 중요해'라는 자기합리화는 지출을 더 과감하게 만들었다.

마음 한쪽에는 돈을 모으지 않아도 결혼할 때 부모님이 도와주실 거라는 은연 중의 믿음이 있었다. 괜찮은 직장, 좋은 신랑감만 고르면 모든 것이 완벽했다. 존재만으로 빛이 났던 20대, 부모님으로부터 몸은 독립했지만 마음은 독립하지 못했다.

평온했던 내 인생은 서른 살이 되던 해 조금씩 균열이 생기기 시작했다. 당시 거주했던 1억 원짜리 전셋집이 경매에 넘어간다는 한

아내가 아닌 여자로서 경제적 자립하기

통의 전화를 받았다. 집주인이 집을 담보로 은행에서 대출을 받았고, 제때 갚지 못하자 경매에 넘어간 것이었다. 직거래를 한 것이 화근이었다. 오피스텔은 임대차계약을 할 때 집주인들이 세금을 줄이기 위해 '전입신고 불가' 조건으로 거래를 하는 것이 관행이다. 지금의 나였다면 등기부등본을 꼼꼼히 확인하고, 전세권 설정을 했겠지만 그때의 나는 어리고 잘 몰랐다. 집은 결국 경매에 넘어갔다.

돈을 날린 어리석음과 집주인에 대한 원망보다, 부모님이 열심히 일군 삶의 흔적을 의미 없게 만들었다는 죄책감이 더 컸다. 태어나서 엄마가 그렇게 서럽게 우는 모습을 처음 보았다. 마음이 부서지는 것 같았다.

4년간의 기자생활을 접고 몸값을 높여 이직을 감행했다. 부모님께 조금이나마 갚아드리고 싶어 누구보다 열심히 일했다. 그런데 설상가상으로, 7개월 후 다니던 회사가 망했다. 회사 대표가 투자자의 돈과 공금을 횡령해 종적을 감춰버린 것이다. 드라마에서만 볼 법한 장면이 실제 눈앞에서 펼쳐졌다. 기가 찼다. 왜 비극은 이렇게 한 번에 찾아오는 것일까. 모든 것이 원망스러웠다.

1년 전만 해도 나는 경제부 기자로 활동하는 멋진 커리어 우먼이었지만, 지금의 나는 돈도 없고 직장도 없고 자존감마저 바닥에 내팽개쳐진 빈털터리에 불과했다. 회사에서 주섬주섬 짐을 챙겨 나왔다. 날씨마저 잔인하게 화창했던 7월, 삐져나오는 눈물을 닦으며 나

갓 결혼한 여자의 재테크

는 생각했다.

돈 없는 삶의 초라함에 대하여, 사회 어느 범주에도 속하지 못하는 공허함에 대하여, 바닥의 먼지보다 못하게 느껴지는 지금의 비참함에 대하여.

젊었을 땐 젊음을 모른다고 했던가. 돈이 있을 때 돈의 소중함을 몰랐다. 돈을 가치 있게 쓰는 법을 몰랐다. 내 돈이 아까운 만큼 부모님의 돈이 아까운지 몰랐다. 처음엔 나를 이렇게 만든 집주인을 원망하고, 회사 대표를 원망하고 세상을 원망했지만, 모든 시작은 돈에 무관심했던 내게서 비롯됐다는 걸 인정하게 되었다. 단돈 10만 원도 제대로 관리하지 못하는 내게 1억 원이라는 큰돈을 지키는 능력이 있을 리 없었다. 나는 인생에서 가장 비싼 수업료를 치렀다.

'달라지고 싶다!' 마음 깊숙이 작은 욕망이 꿈틀대기 시작했다. 나는 자유롭고 싶었다. 정서적 자유, 사회적 잣대로부터의 자유 그리고 경제적 자유를 찾고 싶었다. 지금처럼 돈에 끌려 다니는 삶이 아닌 돈을 지배하는 삶의 주인이 되고 싶었다. 돈에 구애 받지 않고 살고 싶었다. 나는 모든 것을 바꾸기로 마음먹었다.

막연히 돈이 많았으면 좋겠다고 생각해본 적은 있지만, 내 삶에 돈이 어떠한 가치를 갖는지 진지하게 생각해본 적은 없었다. 돈을 잃고, 직장을 잃고, 자존감마저 바닥난 그때야 왜 돈을 모아야 하는지, 모은 돈으로 어떤 삶을 살고 싶은지 솔직한 내 마음을 들여다볼

아내가 아닌 여자로서 경제적 자립하기

수 있었다.

1억 원을 날렸던 그때, 돈도 돈이지만 떨어진 자신감을 회복하기가 더 어려웠던 것 같다. 즐겁기만 했던 친구들과의 만남이 슬슬 부담스러워지기 시작했다. 직장생활을 하며 안정적으로 사는 그들 사이에서 낯선 이방인이 된 기분이었다. 경제적 무능함을 들키기라도 한 듯, 헤어진 후에는 어김없이 우울감이 밀려왔다. 나이 서른이 넘어 취업준비를 하는 처지가 초라했다. 연애에 있어서도 자신감을 갖기 어려웠다. 상대와 잘 지내다가도 조금만 상황이 악화되면 '나라도 돈 없는 백수가 싫을 거야'라며 자기비하를 했다.

한 달 전의 나와 지금의 나는 같은 사람이었지만, 돈이 사라진 순간 밝고 당당했던 나는 온데간데없이 자격지심과 피해의식만이 남아있었다. 누군가가 내게 돈에 대한 부담을 준 것도, 돈으로 자존심을 짓밟은 것도 아니었다. 그러나 나는 알고 있었다. 서른이 넘었음에도 경제적으로 자립하지 못한 내 모습이 얼마나 한심하고 부끄러운지. 텅텅 빈 통장 잔액이 내 자신감과 자존감을 얼마나 무너뜨리는지를.

신기하게도 나의 자신감은 다시 취업을 하고 통장에 잔고가 쌓이면서 회복되기 시작했다. 마음의 안정을 되찾으니 주변을 돌볼 여유가 생겼고, 같은 상황도 좀 더 유연하게 받아들일 수 있게 되었다. 돈이 모이기 시작하자 비로소 돈 이외의 것들이 보였다.

갓 결혼한 여자의 재테크

이제는 안다. 경제적으로 자립한다는 것은, 비단 물질적 여유뿐 아니라 정서적 안정감과 자신감을 채워주고 주변 사람들에게도 긍정적인 영향을 미친다는 것을 말이다. 돈이 주는 든든함, 느껴보지 않으면 모른다. 단순히 돈이 많은 부자가 되고 싶은 것이 아니다. 내 삶을 주도적으로 살기 위해 돈이라는 강력한 무기를 장착한 마음 부자가 먼저 되고 싶다.

## 매 순간 능동적으로 선택하는 삶

인생은 매 순간 선택의 연속이다. 수천수만 번의 선택이 모여 한 사람의 인생이 된다. 그러나 자본주의 사회에서는 돈이 없으면 선택의 기회마저도 박탈당하는 일이 비일비재하다. 나는 여유롭고 행복한 결혼생활을 꿈꾸고, 건강하게 오래 살길 원한다. 돈 때문에 나와 내 자녀가 꿈을 포기하지 않기를 바란다. 하지만 돈이 없다면 이 모든 것은 한낱 꿈에 불과할지 모른다.

돈은 행복한 삶을 위한 수단일 뿐이지만, 그 수단을 내 마음대로 활용한다는 것은 다른 차원의 이야기다. 돈의 구애 받지 않고 원하는 일을 할 수 있는 삶이란, 돈이라는 수단과 이를 통제할 힘을 가지고 있어야 가능하다.

돈이 없었을 때 힘들었던 이유 중 하나는, 내 자유의지에 따라 선택할 수 있는 무언가가 너무 적다는 사실이었다. 돈을 쓸 때만 해도 그렇다. 돈이 있는데 안 쓰는 것과 돈이 없어서 못 쓰는 것은 큰 차이가 있다. 돈이 있는데도 안 쓰는 것은 나의 선택이다. 그러나 돈이 없어서 못 쓰는 것은 내 의지와는 상관없이 그럴 수밖에 없는 상황이나 처지에 놓인 것이다. 순도 100%의 비참함이 덤으로 붙는다.

경제적 능력에 따라 보이지 않는 계급이 존재하고 선택의 범위가 달라지는 사회다. 이러한 사회에서 내가 원하는 삶의 가치를 매 순간 능동적으로 선택하기 위해서는, 경제적으로 자유로워야 한다.

## 결핍은
## 최고의 원동력

부모는 내가 선택할 수 없다. 부모가 가난하면 가난한 대로, 부모가 부자이면 부자인 대로 저마다의 환경에서 청소년기를 보낸다. 그러나 성인이 된 이후부터는 내가 하기에 따라 꿈, 미래의 배우자, 내 아이가 자라는 환경, 노후는 바꿀 수 있다고 믿었다. '태어날 때 가난한 것은 내 잘못이 아니지만, 죽을 때 가난한 것은 내 탓'이라는 격언도 있으니까.

나는 당시 인생의 바닥을 찍고 있었지만, 반드시 경제적 자립을 이뤄 미래를 바꾸겠다는 열망이 있었다. 열심히 살아 훗날 부자가 되면 지금의 이 시간을 돌아보며 분명 웃을 수 있는 날이 올 거라고 다독였다. 살기 위한 자기암시였는지 모른다. 물론, 부모의 재력에 따라 출발선이 한참 앞서 있는 친구들을 보며 때때로 힘이 빠진 적도 있었다. 많은 친구들이 계급론을 운운하며 분노하곤 했다.

"가난한 부모 밑에서 열심히 해 봤자야. 한국은 글렀어."

"결혼해서 열심히 아끼고 모으면 뭐하냐? 내 친구는 부모님이 집 사주고 시작하던데."

맞다. 부정할 수 없는 사실이다. 부모의 부가 대물림 되어 잘 사는 사람이 더 잘 살고 못 사는 사람은 더 못 사는 사회. 그러나 이러한 불평불만이 과연 나에게 어떤 도움이 될까? 현재의 내 삶을 더 초라하게 만들고, 열심히 살겠다는 의욕만 꺾을 뿐 아닌가. 더 끔찍한 것은 이 같은 계층 이동이 비단 우리 세대뿐 아니라 내 아이가 성인이 되는 20~30년 후에는 더 힘들어질 것이란 사실이다. 그래서 더더욱 내 세대에서 경제적 자립을 이뤄, 내 아이에게는 올바른 경제관념과 부자의 DNA를 물려주고 싶었다.

어려운 상황을 극복하고 마침내 성공한 사람들은 과거를 원망하지 않는다. 그들에게 어려운 과거는 지금의 그를 만든 가장 큰 원동력이기 때문이다. 하지만, 과거나 지금이나 경제적으로 쪼들리고 힘겹게 사는 사람은 이 모든 걸 누군가의 탓으로 돌리고 싶어 한다. 가난한 부모를 원망하고, 능력 없는 남편을 미워하고, 아이를 다그친다. 나는 결코 그러고 싶지 않았다.

아내가 아닌 여자로서 경제적 자립하기

결핍은 재테크에 있어 최고의 원동력이다. 그때 1억 원을 날리지 않았다면 얼마간은 평탄하게 살았겠지만 지금처럼 열심히 공부하면서 역량을 키우지는 못했을 것이다. 돈이 없다는 결핍이 지금의 나를 만들었다. 10년 뒤 혹은 20년 뒤 내가 경제적으로 자립하면, 나의 과거는 내가 힘들 때마다 마음을 바로 세워주는 매개가 될 것이다. 과거는 바꿀 수 없다. 그러나 과거를 아름답게 만들 수는 있다.

# 여자에게
# 소액투자가 유리한 이유

남자들은 기본적으로 소액에 큰 관심이 없다. 남편만 봐도 공돈 만 원이 생기면 로또를 사지 그 돈으로 투자를 생각하진 않는다. 주식 투자를 하는 남자 동료들만 봐도 그렇다. 어떻게 하면 한 방 터뜨릴 수 있을까, 폭등하는 종목을 살 수 있을까에 관심이 더 많다. 고작 몇만 원의 수익에 만족하는 사람은 잘 보지 못했다.

반면 여자들은 다르다. 이분법적 사고로 남녀를 구분하긴 어렵지만 보통 여자들은 투자하는 데 있어 그리 과감하지 못하다. 같은 투자를 하더라도 비교적 소액으로 시작하고, 원금 손실을 두려워하기 때문에 절대 무리해서 투자하지 않는다. 걱정이 많아 투자에 앞서 이것저것 꼼꼼하게 따져보는 일도 다반사다. 리스크가 큰 투자는 감내할 자신이 없기에 목표 수익률을 낮추거나 투자 기간을 늘려 최대

아내가 아닌 여자로서 경제적 자립하기

한 안정적으로 운용하길 원한다.

여자들의 이러한 투자성향은 소액투자에 최적화되어 있다. 신혼 초에는 무리하게 빚을 내서 투자하는 것보다 종잣돈을 모으는 것이 우선이다. 동시에 생활비에 영향을 주지 않는 쌈짓돈으로 여러 곳에 소액투자를 하며 투자에 대한 감을 익히고 자신에게 맞는 투자방법을 찾는 것이 중요하다. 이때 여자들의 리스크 관리 능력이 빛을 발한다.

나 역시 특정 상품에 큰돈을 넣을 만한 배포가 없다. 주식을 해도 한 종목에 보통 100만 원만 넣고, 펀드나 크라우드펀딩, P2P상품도 100만 원이 마지노선이다. 그래서 스스로 감당할 수 있는 금액을 정하고 최대한 여러 곳에 투자하며 내게 맞는 투자방법을 찾아가고 있다. 지난 3년간 내가 꾸준한 투자수익을 낼 수 있었던 비결도 여기에 있다.

3년 전, 결혼을 불과 6개월 앞두고 생애 첫 소액투자를 시작했다. 당시 증권사 브랜드전략실로 이직하면서 주식을 처음 접하게 됐는데, 첫 투자금액이 80만 원이었다. 매달 월급의 일부를 쪼개어 한 종목당 10만~30만 원씩 매수하면서 조금씩 재미를 붙여 나가자 몇 개월 사이 투자원금이 500만 원으로 불어났다.

본격적으로 결혼을 준비하면서 이 500만 원을 어떻게 해야 할지 고민에 빠졌다. 당시 결혼자금이 부족했기 때문에 계획대로라면 주식을 정리하고 비용에 보태는 것이 맞았다. 그러나 자꾸 망설여졌다. 당시 주식에서 손실이 나고 있어 쉽사리 정리하기도 애매했지만, 이제 막 투자에 재미를 붙인 나로서는 결혼 후에도 이 쌈짓돈으로 투자를 계속 하고 싶은 마음이 컸다.

당시 남편은 투자에 이제 막 흥미를 붙인 내가 이것저것 시도하는 모습이 기특해 보였는지, 아니면 '그래 봤자 얼마나 불리겠어'라는 마음에서였는지 주식잔고에 있던 500만 원을 결혼 후에도 자유롭게 굴려 보라며 인정해주었다. "수익 나도 욕심내지 않을 테니까 열심히 해봐"라는 말과 함께.

이 돈은 내 몫의 순수한 투자금이자 비자금이다. 내가 어디에, 얼마를, 어떤 식으로 투자하는지 남편은 잘 모른다. 아마 애초부터 본인 돈이 아니라고 생각하기에 큰 관심이 없다고 보는 게 맞겠다.

가계에 비상금이 필요할 때도, 내 집 마련을 위해 대출을 받았을 때도 나는 이 돈을 꺼내지 않았다. 그렇게 시간의 힘을 빌려 서서히 불려 나간 쌈짓돈 500만 원은 2년이 지난 현재 2,000만 원이 되었다. 아마 남편은 이 책이 세상에 나온 후에야 정확한 금액을 알고 깜짝 놀랄 것이다.

## 나에게 맞는 투자방법을 찾으려면?

그렇다면 나에게 타고난 투자 감각이 있는 걸까? 아니다. 나는 증

아내가 아닌 여자로서 경제적 자립하기

권사에 다니긴 하지만 투자상품을 파는 영업직도 아니고, 일찌감치 투자를 해봤던 사람도 아니다. 서른이 넘어 결혼을 준비하면서 소액투자를 시작했으니 기껏해야 투자 경험이 4년이 채 안 된다.

나는 나의 부족함을 잘 안다. 그래서 무조건 소액으로 접근했고 이것저것 다양하게 시도했다. 나에게 맞는 투자를 찾으려면 단순히 머리로 아는 것은 한계가 있기에, 단돈 10만 원이라도 직접 투자해서 몸으로 부딪히는 방식을 택했다.

나는 현재 주식과 적금, 가상화폐, 금, 곗돈, P2P대출 등 다양한 방법으로 소액투자를 시도하고 있다. 이 과정에서 손실을 보기도 하고, 의외의 곳에서 수익을 내기도 했으며, 2년 넘게 답보상태인 투자상품도 있다. 그럼에도 불구하고 내가 소액투자를 시작한 것은 결혼만큼이나 잘한 일이라고 생각한다. 투자결과에 관계없이 나라는 사람이 어떤 투자성향을 가졌는지, 어떤 투자방법이 잘 맞고 또한 흥미를 느끼는지 알게 되었기 때문이다.

예를 들어, 주식투자는 나에겐 잘 맞지만 남편에게는 맞지 않는다. 나는 주식이 오르든 내리든 크게 동요하지 않고 손실이 나더라도 당장 급한 돈이 아니기에 기다리는 편이다. 그러나 신랑은 단돈 몇십만 원 투자에도 종일 차트를 보며 신경쓰느라 업무를 제대로 보지 못한다. 대신 남편은 지리와 교통, 건축 등에 밝아서 부동산 임장을 가거나 입지 분석을 할 때 신통방통한 해석을 내놓는 재주가 있다. 반면 나는 길눈에 어둡다.

또한 남편은 큰 수익을 내기 위해 리스크를 감내하는 것보다 시간이 조금 걸리더라도 원금이 보장되는 투자상품을 선호한다. 손실이 날까 봐 불안에 떠는 것도 일종의 에너지 낭비라고 생각한다. 반면 나는 수익률 -20%까지는 감내할 마음의 준비가 되어 있다.

함께 사는 부부조차 이처럼 투자성향이 다르다. 지인이 주식으로 돈을 벌었다고 해서 내게 주식이 잘 맞는다는 보장이 없고, 부동산 고수들이 경매로 수십억 원 자산가가 됐다고 해서 내가 당장 따라 할 수 있는 것도 아니다. 투자자가 100명이면 투자방법도 100가지다.

투자에는 이론적 지식 못지 않게 실제 부딪히며 익히는 '감'이 존재한다. 아무리 책을 많이 읽어도, 재테크 강의를 쫓아다녀도 초보자가 고수가 될 수 없는 이유다. 내 투자성향을 제대로 파악하고 그에 따른 수익을 내려면, 결국 소액이라도 직접 투자해봐야 한다. 실제로 해보면 재미가 붙는 투자가 있고, 예상과 달리 신경만 쓰이고 안 맞는 투자가 있다. 나와 맞지 않다 싶으면 원금을 재빠르게 회수하고, 의외로 잘 맞는 투자가 있으면 금액과 기간을 늘리며 하나둘 추려 나가면 된다. 이 과정에서 고스란히 나만의 내공과 투자 감각이 쌓인다.

《성격 급한 부자들》에 따르면, 우리가 아는 대부분의 부자들은 자신이 잘 알고 잘 할 수 있는 한두 분야에서 부를 이루지만, 이렇게

아내가 아닌 여자로서 경제적 자립하기

되기까지는 지나치다 싶을 정도로 금융상품이나 투자방법을 바꿔가며 자신의 성격이나 라이프스타일에 맞는 것을 찾아낸다고 한다. 그런 다음 반드시 성공하는 유형을 확립해 나간다. 소액으로 시작한다면, 직장인도 할 수 있는 방법이 아닐까 싶다.

설사 투자기간 내내 수익이 나지 않더라도 경험 자체가 사라지는 것은 아니다. 앞으로 50년은 해야 할 재테크인데 고작 1~2년 수익이 안 났다고 좌절할 필요는 없지 않을까. 당장 없어도 되는 여윳돈으로, 차곡차곡 모은 부수입으로, 소액으로 쪼개어 시작한다면 크게 무서울 것도 없다. 원금 손실이 두렵다면, 전부 잃더라도 부담 없을 정도의 돈으로만 시작하면 된다.

이 책을 읽는 당신에게 조언을 건네는 나 역시 직장생활과 소액투자를 병행하고 있는 평범한 3년차 새댁에 불과하다. 그러나 너무 늦기 전에 투자 공부를 시작했기에, 나의 투자 나이도 이제 세 살이 되었다. 결코 수익만 낸 것은 아니다. 그간 몇 번의 손실을 경험했고, 현재 마이너스 상태인 상품도 있다. 원금 손실이 일어날까 봐 벌벌 떨면서 아무것도 하지 못한다면 평생 원금 까먹을 일이야 없겠지만, 살면서 내 힘으로 투자하고 수익을 내는 기쁨 역시 경험해보지 못할 것이다. 오히려 한 번도 손실 내지 않고 수익을 기대하는 것 자체가 어리석은 일이 아닐까. 투자에 정답은 없지만 이리저리 깨지고 경험하면서 성장하는 것만은 분명하다.

만 원만 투자해도 지금까지 그냥 지나쳤던 각종 경제뉴스와 지표가 다르게 보인다. 이 또한 소액투자로 얻을 수 있는 최고의 수익이다. 남편에게 월급 좀 많이 갖고 오라고, 남들처럼 투자 좀 잘 해보라고 닦달하기 전에 아내인 내가 먼저 투자에 관심을 갖고 가계를 주도적으로 이끌어 보는 건 어떨까?

아내가 아닌 여자로서 경제적 자립하기

# 초보 새댁을 위한
# 돈 공부 전략

얼마 전 아찔한 기사 하나를 봤다. 부모의 소득이 높을수록 자녀의 초봉이 높고 부모의 소득이 낮을수록 자녀의 임금도 낮다는 내용이었다. 특히 부모의 소득이 월 1,000만 원 이상인 자녀들은 첫 월급이 가장 높았다. 부자 부모의 자녀는 사교육, 어학연수 등 다양한 기회를 통해 명문대 고스펙자가 될 수 있지만 가난한 부모의 자녀는 학력이 좋아도 경제적 이유로 스펙을 쌓기 어려워 취업시장에서 경쟁력을 잃는다는 분석이었다.

부모의 부가 자식에게 대물림되고 부모의 경제적 능력이 자녀의 미래에 영향을 준다는 것은 이미 공공연한 사실이다. 그러나 이를 통계로 확인한다는 것은 또 다른 느낌으로 다가온다. 예비 부모가 되는 입장에서 '내 자녀의 연봉이 결국 내 손에 달렸나' 하는 생각이 들어 씁쓸했다.

그런데 얼마 후 더 놀랄 만한 뉴스를 봤다. 외국의 한 연구 결과, 자녀들의 경제관념이 아빠보다 엄마에게 더 많은 영향을 받는다는 사실이 증명된 것이다. 남녀 특성에 따른 차이라기 보다는, 비교적 엄마와 함께하는 시간이 많은 아이들이 가계와 살림을 도맡는 엄마로부터 자연스럽게 경제교육을 받는다는 의미였다.

이 두 가지 통계는 내게 많은 물음을 던져 주었다. 가계를 주도적으로 맡아온 아내로서, 자녀의 경제관념에 영향력을 미치는 한 아이의 엄마로서, 어떻게 가계를 이끌어야 하는지 말이다. 통계 속 숫자는 말하고 있었다. 경제에 관심을 갖지 않고 돈을 등한시하는 순간, 부부의 삶뿐만 아니라 사랑하는 자녀의 인생에까지 영향을 미칠 수 있다고. 자녀의 성공이 부모의 경제적 능력과 비례하는 사회에서 과연 미래의 내 자녀는 부모를 원망하게 될까, 존경하게 될까? 생각이 여기까지 미치자 정신이 번쩍 들었다. 돈 공부를 더 이상 미룰 수 없었다.

싱글 때야 사회생활에 적응하느라, 연애하느라, 새로운 경험을 하느라 돈에 무관심했을 수 있다. 경제라는 말만 들어도 머리가 지끈거리고, 돈 공부를 해야 할 마땅한 이유를 찾지 못했을 수도 있다. 그러나 결혼 후에도 세상물정에 어둡고 경제를 멀리한다면 이보다 무모하고 무책임한 일이 있을까. 아무리 소득이 높아도 경제를 모르

아내가 아닌 여자로서 경제적 자립하기

면 그 소득을 지키는 것마저 어려운 세상이다. 가난한 사람은 더 가난해지고 부자는 더 부자가 되는 현실에서 힘겹게 모은 자산을 가치 있게 쓰기 위해서는 최소한의 돈 공부가 필요하다.

마음만 먹으면 시중에 경제 공부를 할 수 있는 각종 자료와 정보는 차고 넘친다. 그러나 갓 결혼한 사람이라면 모든 것이 낯설고 두렵게 다가올 수 있다. 수준에 맞지도 않는 어려운 경제 책 몇 권으로 접근하기엔 시작도 전에 흥미를 잃을 가능성이 크다.

나 역시 금융권에 종사하고 재테크 콘텐츠를 만드는 일을 업으로 하지만, 복잡하고 딱딱한 경제 이야기는 여전히 어렵다. 원래부터 경제에 해박한 지식을 갖고 있는 사람도 아니고 경제 전공자는 더더욱 아니다. 그래서 돈 공부를 처음 시작할 때 내 눈높이에 맞는 쉬운 자료와 강의, 책을 선별해 공부했다. 대신, 포기하지 않고 꾸준히 하는 것을 목표로 했다.

경제학자가 될 것이 아닌 이상 모든 경제 지식을 다 흡수할 필요는 없다고 생각한다. 현재의 내 삶에 적용 가능한 경제 상식과 정보, 투자의 타이밍과 투자처에 힌트를 주는 자료들만 볼 줄 알아도 절반은 성공이다.

## ▌ 다큐멘터리

경제를 공부하고 싶은데 막상 어떻게 시작해야 할지 모르겠다면

갓 결혼한 여자의 재테크

가장 먼저 다큐멘터리 시청을 권하고 싶다. 활자로 빼곡한 책과 신문이 익숙지 않은 재테크 초보들에게 영상으로 제작된 다큐멘터리는 공부하기에 좋은 매체다. 방송의 특성상 청소년들도 보기 쉽도록 구성되어 있는 데다, 각종 그래픽 자료가 이해를 돕기 때문이다. 돈의 흐름이나 속성, 역사에 대해 전반적으로 파악할 수 있다. 나는 《부자언니 부자연습》이란 책에서 작가가 언급한 다큐멘터리를 시작으로 다양한 다큐멘터리를 틈틈이 챙겨봤다. 집에서는 신랑과 함께 보고, 출퇴근 길에는 유튜브를 이용한다. 다큐멘터리 한 회만 제대로 봐도 책 한 권을 읽는 것과 비슷한 효과가 있다. 추천 다큐멘터리로는 KBS2 〈돈의 힘〉, EBS 다큐프라임 〈자본주의〉, 〈빚〉 등이 있다.

## | 독서

한 달에 최소 책 3권 이상은 읽는다. 글이 간결해 쉽게 읽히고 저자의 실제 경험이 많이 녹아있는 책을 선호한다. 지인들에게 추천받는 경우도 있지만 보통은 직접 서점이나 도서관에 들러 제목과 목차를 보고 마음에 드는 것으로 고른다. 아무리 경제분야 베스트셀러라도 내가 소화하기에 버거운 책이 있는가 하면, 우연히 발견한 책에서 기대 이상의 만족감을 느끼는 경우도 있다. 몇 장만 읽어봐도 내가 흥미롭게 읽을 수 있는 책인지 아닌지 알 수 있다. 스스로 골라봐야 책을 선별하는 안목도 생긴다.

아내가 아닌 여자로서 경제적 자립하기

새로운 분야라면 무조건 쉬운 책부터 공략한다. 처음부터 수준 높은 책을 고르면 금세 지루함을 느끼고 안 읽는 경우가 많다. 내 수준과 비슷하거나 한 단계 낮은 책부터 골라 가볍게 읽고 점차 난이도를 높이는 것이 좋다. 같은 경제 서적이라도 부동산, 재테크, 경제일반, 거시경제, 생활경제 등 다루는 주제가 천차만별이다. 모든 분야를 섭렵하겠다는 욕심보다는 관심 있는 한 분야를 소화한 뒤 범위를 넓혀보자.

책 한 권에는 저자의 오랜 경험과 노하우가 담겨 있다. 그래서 좋은 책 한 권을 읽는다는 건 좋은 스승 한 명을 만나는 것과 다름없다. 책을 읽는다고 당장 인생이 달라지는 것은 아니지만, 부자들의 상당수가 독서를 많이 한다는 사실은 부정할 수 없다.

| 추천 책 목록 |
| --- |

- 《부자 아빠 가난한 아빠》《부자들의 음모》, 로버트 기요사키
- 《경제 읽어주는 남자》, 김광석
- 《엄마의 돈 공부》, 이지영
- 《나는 마트 대신 부동산에 간다》, 김유라
- 《맞벌이 부자들》, 김경필
- 《투자의 여왕》《재테크의 여왕》, 성선화

## | 유튜브 강의

처음엔 자존감과 행복 관련 유튜브 영상을 많이 봤다. 돈 공부의 궁극적인 목적은 부자가 되기 위함이 아니라 돈에 제약 받지 않고 행복한 삶을 살기 위해서니까. 여자들의 꿈에 대해 이야기하는 김미경 강사, 행복을 전파하는 최인철 교수의 강의를 특히 자주 봤다. 오랜 시간 지치지 않고 돈 공부를 하기 위해서는 스스로 자존감을 챙기고 현재의 삶에서 만족하는 태도가 무엇보다 중요하다. 저축에 권태감을 느낄 때마다, 삶의 방향성에 의문이 들 때마다 이들의 강의를 보며 많은 위안을 얻었다.

최진기, 김광석, 유수진, 이지영 작가 등 인기 강사들의 경제교육 강의도 찾아 본다. 여건만 된다면 오프라인 강의에 참여하는 게 좋겠지만 시공간의 제약이 있기에 매번 그럴 순 없다. 유튜브만 검색해도 생생한 재테크 강의 현장을 간접 경험할 수 있다. 오마이스쿨은 매주 무료로 경제 강의를 업데이트 한다. 수강료 부담 없이 공부할 수 있기 때문에 아이 맡길 곳이 마땅치 않은 전업주부나 직장생활로 시간적 여유가 없는 사람이라면 참고할 만하다.

추천 유튜브 강의로 김미경TV, 플라톤아카데미TV, 오마이스쿨, 부자언니 유수진, 세바시 등이 있다.

# 하루 10분
## 경제뉴스 읽기

경제뉴스라고 하면 딱딱한 경제신문만을 생각하기 쉽지만, 우리가 매일 포털 사이트에서 접하는 소식 가운데 상당 수는 생활경제와 관련되어 있다. 출퇴근길, 점심시간 10분만 투자해 경제뉴스를 훑어봐도 돈이 되는 생활정보와 국내외 경기 흐름을 파악할 수 있다. 단, 이 10분은 오로지 경제뉴스에만 집중한다. 그렇지 않으면 자극적인 제목에 끌려 각종 연예뉴스를 읽느라 정작 주요한 뉴스를 놓치기 때문이다.

처음엔 내 관심사와 관련된 주제만 골라 읽었다. 해외여행을 앞두고 있을 땐 환율 뉴스를 적극 찾아보고, 집을 마련할 때는 국내 부동산 시장이나 분양 상황, 세금과 대출 관련 뉴스를 챙겼다. 임신 후에는 정부지원혜택이나 수당 등의 정보를 꼼꼼히 찾아 기록했다. 내 삶에 당장 적용 가능한 경제뉴스를 읽으면 이해가 쉽게 될 뿐더러 기억에 오래 남는다. 현상에 대한 원인 분석은 반드시 확인하고 넘어간다. 뉴스를 읽다 추가적으로 궁금한 것들이 생기면 연관 뉴스를 찾아보고, 유용한 내용은 블로그에 비공개로 퍼가거나 북마크 기능을 활용해 다시 읽었다. 가계에 도움 되는 정보는 남편과도 공유했다.

신문을 읽을 때는 제목만 가볍게 훑어본다. 기사의 순서와 비중을 통해 현재 이슈와 국내외 경제를 파악한다. 그런 다음 내 관심사이

갓 결혼한 여자의 재테크

거나 생활에 직접적인 영향을 미치는 금리, 부동산, 대출, 생활경제 뉴스를 먼저 읽는다. 어느 정도 익숙해지면 국제뉴스와 투자관련 뉴스까지 챙긴다. 이 중 내가 좀 더 알아봐야 하는 정보는 따로 메모해둔다. 경제뉴스는 사회뉴스와 달리 매일 새로운 이슈가 발생하는 것이 아니기 때문에 2주 이상만 꾸준히 읽어도 시장 흐름을 파악하는 데 무리가 없다.

## 외부 강의 및 세미나 참여

좋아하는 강사나 저자의 강연회도 종종 들으러 간다. 여건상 자주 들을 순 없지만 현장의 열기를 통해 강력한 동기부여를 받고자 분기에 1회 정도 참여한다. 오프라인 강의는 무료보다 유료를 선호한다. 내 돈을 조금이라도 투자하면 마음가짐부터 달라진다. 내가 부담한 비용 이상으로 배우고 오겠다는 의지가 생긴다. 어떤 강의부터 시작해야 할지 모르겠다면 재테크 박람회에서 주최하는 각종 세미나 프로그램을 살펴보길 권한다. 재테크 박람회는 내로라하는 경제 및 재테크 전문가들이 총출동하기 때문에 사전에 관심 있는 분야의 세미나 일정을 미리 체크한 뒤 신청하면 된다. 경제분야 베스트셀러 작가들의 강연도 자주 열리므로 확인해보자.

## | 재테크 메이트 만들기

돈을 모으고 불리기 위해서는 재테크에 관심이 많거나, 경제에 밝은 사람, 꾸준히 투자하는 사람을 가까이 하는 것이 좋다. 다양한 정보를 공유하면서 종잣돈을 불리고, 생산적으로 인맥을 넓히며, 열심히 사는 그들에게 자극 받을 수 있기 때문이다. 가장 손쉬운 방법은 재테크 커뮤니티에 가입하는 것이다. 같은 관심사와 고민을 갖고 있는 데다 익명성이 보장되기 때문에 경제적 문제나 상황에 대해 솔직하게 공유할 수 있다. 재테크 카페에서 주최하는 강의나 스터디에 참여하며 오프라인에서 새로운 관계를 맺을 수도 있다.

블로그나 SNS를 운영한다면 재테크에 관심 있는 사람들과 소통하는 것도 도움이 된다. 나 역시 블로그를 운영하며 수많은 재테크 블로거들과 이웃을 맺었는데, 가계부 정산이나 알뜰 장보기, 소액투자, 부동산 정보 등을 접하며 자극 받을 때가 많다. 자산을 늘리기 위해 그들이 일상 속에서 소소하게 실천하는 노하우를 보며 지금의 내 상황과 객관적으로 비교해볼 수 있고 도움되는 것들은 적극 반영한다. 참고로, 우리 집 가계부는 매달 블로그에 정기적으로 공개하고 있다. 관심 있는 독자라면 참고해도 좋다.

도움이 되는 재테크 카페로 월급쟁이 부자들, 월급쟁이 재테크 연구카페, 부동산 스터디, 짠돌이카페, 텐인텐 등이 있다.

## | 자산관리사 활용하기

대부분의 사람들이 매달 적지 않은 비용을 보험료로 부담하면서도 정작 금융상품을 소개해준 자산관리사와 멀리한다. '보험 영업하는 사람'이라는 편견부터 갖기 때문이다. 물론 자산관리사는 보험을 판매하기도 하지만, 동시에 각종 금융정보와 돈이 되는 투자 정보를 현장에서 가장 많이 접하는 전문가다. 믿을 만한 자산관리사 한 명만 있어도 자산 증식에 큰 도움이 된다.

나는 결혼 후 자산관리사의 도움을 많이 받았다. 전 직장 선배이자 동료가 자산관리사로 이직하면서 나의 재테크 메이트가 되었기 때문이다. 처음엔 우리 집 상황을 모두 공개하는 것이 민망했지만, 수시로 세금, 정책, 부동산 등 재테크 정보를 공유하고 금융 스터디에 함께 참여하면서 두터운 신뢰감이 쌓였다. 주식으로 골머리를 앓았을 때 주식전문가를 소개해준 것도, 내 집 마련 시기를 놓고 고민했을 때 자신의 경험담을 토대로 의사결정에 도움을 준 것도 그녀였다. 국내외 경제이슈에 따라 연금상품 포트폴리오를 바꾸도록 조언하기도 하고, 관심 가져야 할 투자처나 연말정산 등 절세 노하우에 대해서도 공유한다.

자산관리사들이 주최하는 각종 금융교육 스터디나 세미나도 많다. 나 역시 4차 산업혁명, 채권, 주식투자 세미나 등에 참여했다. 혼자서 공부하기 막막한 분야를 전문가 강의를 통해 보다 쉽게 이해

할 수 있었다. 나는 운이 좋아 자산관리사 인맥을 적극 활용하고 있지만, 대부분의 사람들은 전담 자산관리사가 없다. 자산관리사 한 사람이 관리하는 고객만 수십, 수백 명이다. 먼저 연락해 적극적인 관심을 드러내지 않는 한 자산관리사는 먼저 정보를 주지 않는다. 오늘이라도 당장 연락해 내 금융상품에 대해 물어보고, 요새 경제의 흐름이 어떤지, 참여할 수 있는 스터디나 세미나는 없는지 요청해보자. 각종 금융상품에 가입할 때 떼어가는 수수료, 이렇게 활용하라고 주는 서비스 비용이라고 생각한다.

'돈 모으기 어렵다'고 푸념하는 사람들이 많지만, 적극적으로 무언가를 찾아보고 공부하는 사람은 적다. 오랜 시간 생각만 하면서 이것저것 따지기보다는, 당장 실천할 수 있는 무언가에 집중하는 편이 낫지 않을까? 같은 조언을 듣더라도 당장 실천하는 사람과 머리로만 이해하고 흘려버리는 사람의 결과가 같을 수 없다. '아는 것'과 '하는 것'은 다르다.

# 결혼 후
## 퇴사를 고민하는 당신께

결혼 후 가입한 커뮤니티 카페에서 고구마 100개를 먹은 것처럼 답답한 사연을 종종 본다. 마치 공장에서 찍어내듯 하나같이 비상식적인 남편, 막장 드라마에서나 볼 법한 시댁, 도대체 연애는 어떻게 했나 싶을 정도로 화가 나는 상황들의 연속이다. 대부분 이런 경우, 스스로도 지금의 혼인관계가 정상적이지 않다는 사실을 충분히 인지하고 있다. 그러나 배우자에 대한 경제적 의존도가 크고 이미 자존감이 떨어질 때로 떨어져서 현재를 변화시킬 의지가 남아있지 않다. 무기력한 상태에서 지푸라기라도 잡는 심정으로 커뮤니티에 글을 올리고 타인에게 조언이나 위로를 구하는 것이다.

이러한 글에는 어김없이 '왜 참고 사세요?', '당장 이혼하세요'라는 댓글이 줄줄이 달린다. 조언이라 하기엔 무책임하고, 위로라고

하기엔 별 도움이 안 된다. 현실적으로 경제적 능력이 없는 상황에서 무턱대고 관계를 끝내는 것이 과연 맞는 걸까? 아내, 며느리, 엄마로서의 역할을 벗어 던지기 전에 한 사람으로서 자존감을 되찾고 경제적으로 자립하는 준비가 절실해 보였다.

이런 글을 읽을 때마다 나는 안타까움과 동시에 등골이 오싹해지는 것을 느낀다. 아무리 사랑해서 결혼해도 한 사람이 상대에게 지나치게 의존하는 순간, 사랑하는 마음이 변할 수 있기 때문이다. 능력이 있든 없든, 미혼이든 기혼이든 살면서 나를 잃지 않는 것이 가장 중요하다. 그런데 이 사회에서 고유한 역할이 없고, 경제적 능력마저 사라지면 그만큼 잃어버리기 쉬운 게 '나'인 것 같다.

나는 결혼 후 좋은 아내, 따뜻한 엄마, 현명한 며느리를 꿈꾸지만 동시에 나를 잃고 싶지 않다. 그래서 결혼 후 단 한 번도 일을 그만둔다는 생각을 해본 적 없다. 하루라도 빨리 경제적으로 자립하고 싶다는 욕심에 맞벌이를 고집한 것도 있었지만, 스스로 돈을 벌고 있다는 자신감이 내 삶을 한결 당당하게 만들었기 때문이다.

결혼 후에도 커리어를 포기하지 않았기에 나는 가정과 직장 사이에서 삶의 균형을 유지할 수 있었다. 가정 내 중요한 의사결정에 온전한 내 목소리를 내고, 남편과 공평하게 집안일을 분담할 수 있었다. 시댁에 가서도 괜히 주눅들거나 피해의식에 사로잡히지 않고, 회사에 중요한 일이 있으면 부모님께 양해를 구하고 가족행사에 빠질 수도 있었다. 일을 함으로써 남편과의 관계, 시댁과의 관계에서 기분 좋은 긴장감을 유지하며 가장 나다운 모습으로 그들을 대할 수 있었다.

여자로 태어나 아이를 낳고, 주 양육자가 되어 희생하고, 시댁도 챙겨야 하는 상황에서 맞벌이까지 하는 게 불합리하게 느껴질 수도 있겠지만 일을 그만두고 온전히 가족을 위해 희생하는 것이 꼭 합리적인 선택이라 볼 수도 없다. 일을 놓는 순간, 경제활동 이외의 모든 부수적인 일이 아내의 의무가 되기 때문이다. 경제활동을 하지 않는 여자가 집안일과 육아에 소홀하다는 것은 곧 주부로서의 직무유기이자 업무 태만을 의미한다. 내가 좋아서 선택한 일이라도 나름의 불만과 스트레스는 쌓이기 마련이다. 특히 그것이, 아무리 열심히 쓸고 닦아도 웬만해선 티 나지 않는 집안일이라면 더더욱.

사람은 누구나 기회비용을 따진다. 결혼 후 일을 계속함으로써 얻을 수 있는 이익, 일을 그만둠으로써 얻을 수 있는 이익을 저울질하고 경제적으로 손해보지 않는 선에서 최종 선택을 한다. 월급이 적어서, 남편이 쉬기를 원해서, 아이를 키워야 해서 일을 그만둔다는 것 또한 경제적 손익을 함께 고려해 내린 결정이 대부분이다.

그러나 일은 비단 경제적 가치로만 따질 게 아니라 한 사람의 자아실현, 성취감 측면에서도 고려해야 한다. 집안일과 육아를 하며 느끼는 보람이 있듯, 일을 통해서만 느낄 수 있는 성취감도 분명히 있다. 결혼 전의 나와 결혼 후의 내가 다르듯, 직장인 3년차의 나와 9년차인 나는 또 다르다. 일할 당시엔 너무 지치고 힘들어서 남는 거라곤 스트레스뿐인 것 같지만 지나간 자리에는 어떤 형태로든 흔적과 추억이 남고, 한뼘 더 성장한 나 자신을 마주하게 된다.

부부가 함께 경제활동을 한다는 것은 막중한 책임감을 갖고 사는 남편에게도 아내로서 해줄 수 있는 가장 강력한 지원이다. 우리는 누구나 경제적 자유를 꿈꾼다. 부유하고 여유로운 결혼생활을 바란다. 그러나 결혼과 동시에 그 책임을 한 사람에게만 짊어지게 하는 건 아닌지 생각해볼 필요가 있다.

부부가 함께 돈을 번다는 것은 단순히 사랑하는 사이를 넘어 든든한 동지애를 갖게 한다. 고단한 하루를 끝내고 집에서 맥주 한 캔을 홀짝이며 함께 상사 뒷담화를 하고 고민을 공유함으로써 서로를 더 잘 이해할 수 있다. 동시에 경제적 자립을 앞당긴다. 맞벌이를 한다고 해서 모두 부자가 되는 것은 아니지만, 부자 부부의 상당수는 외벌이보다 맞벌이가 많다는 사실을 부인할 수 없다.

고용불안정 시대에 맞벌이로 신혼생활을 시작할 수 있다는 것은 어쩌면 큰 축복이자 특권이다. 경력단절 후 재취업이 쉽지 않아 좌절하는 주부들이 적지 않은 상황에서, 일을 계속 할까 말까 고민한다는 것 자체가 엄청난 기회임을 잊지 않았으면 한다.

지금 이 글을 쓰는 지금, 나는 임신 10개월차 만삭의 몸이다. 아마

책이 세상에 나올 때 즈음이면 나는 출산 후 치열한 육아전쟁을 치르고 있을 것이다. 나 역시 철없던 20대 때는 일이 고단할 때마다, 치열한 경쟁에 환멸을 느낄 때마다 취집을 꿈꾼 적 있었다. 좋은 남자를 만나 결혼하는 것이 여자로서 성공한 인생처럼 느껴지기도 했다. 그럼에도 불구하고 나는 사회에서 나만의 고유한 영역을 지켜왔고 그 자리를 끝까지 포기하지 않았다. 비록 시작은 초라했어도 힘겹게 지켜낸 나의 자리에서 노력한 만큼 인정받고 성취하는 기쁨을 맛볼 수 있었다.

가끔씩 회사에서 인쇄물을 기다리며 창 밖을 바라보곤 한다. 19층에서 내려다보는 도심 속 빌딩 숲은 웅장하다 못해 위압감마저 느껴진다. 그럴 때마다 내면에서 묘한 감정이 인다. 취준생 시절 연이은 낙방으로 마음을 추스르기 어려웠을 때, 저 많은 빌딩 가운데 왜 내 책상 한자리가 없을까 한탄했다. 어디든 취업만 하면 열심히 일하겠노라, 내가 얼마나 괜찮은 인재인지 증명시켜 주겠노라 벼르고 별렀다. 그렇게 갈망했던 염원이 현실이 된 지금, 결혼을 핑계로 일을 관두는 것은 패기와 열정으로 가득 찼던 내 지난날 청춘에 대한 배신일지 모른다. 매일 만원 지하철에 끼여 힘겹게 출퇴근하는 것이 지칠 때도 있지만, 우리 가족이 안락한 삶을 영위하는 데 나의 월급이 보탬이 된다는 생각에 뿌듯할 때가 더 많다.

사람마다 가치관이 다르기 때문에 누군가는 일할 때 행복하고, 또

아내가 아닌 여자로서 경제적 자립하기

다른 누군가는 집에서 살림하며 행복을 찾는다. 그들의 선택은 존중받아 마땅하다. 그러나 지금의 상황이 힘들다는 이유로, 잠시 쉬고 싶다는 이유로, 여자라면 한 번쯤은 그래도 된다는 이유로, 힘들게 지킨 자리를 내주지는 말자. 일시적 경력단절은 언제든 좋다. 출산과 육아로 일을 그만두기로 한 선택도 존중한다. 다만, 언제든 내가 원하면 사회에 나갈 수 있고 경제적으로 자립할 수 있다는 자신감만큼은 꼭 장착했으면 한다.

갓 결혼한 여자의 재테크

# 예비엄마를 위한
# 태아보험 준비TIP

　결혼한 지 1년 반이 지났을 때, 첫 임신 사실을 알았다. 계획된 임신이 아니었기 때문에 꽤 당황했던 와중에도, 나는 아이를 위해 가장 먼저 준비해야 할 것으로 태아보험을 떠올렸다. 내 보험은 스무 살 무렵 부모님이 일찌감치 가입한 상품이라 선택할 수 있는 여지가 없었다. 다행히 보험이 지금처럼 보편화되지 않은 시기여서 좋은 보장내용이 많았기에, 그중 필요 없는 특약만 없앤 뒤 현재까지 유지 중이다. 뱃속의 태아 역시 성인이 될 때까지는 엄마가 가입해준 보험에 의지해야 한다. 그래서 더더욱, 내 자녀가 자라는 동안 든든한 방패막이 되어줄 보험을 제대로 설계해야겠다는 생각이 들었다.

　내가 어릴 때만 하더라도 보험이라는 개념 자체가 생소했다. 그런데도 별 탈 없이 자란 걸 보면 가끔은 보험이라는 것이 현대인의 공포심리를 이용하는 게 아닌가 싶은 생각도 든다. 그러나 돈 몇 푼 아끼자고 사고와 질병 없이 건강하게 클 수 있다는 확률에 내 아이를 맡길 용기는 없다. 과거와 달리 유해한 환경과 달라진 식습관 등으로 질병이나 사고에 노출될 가능성이 더 커져버렸으니까.

소중한 내 아이의 향후 30년을 책임질 태아보험에 가입하려면, 최소한 이 보험이 무슨 보험인지 정도는 부모로서 알고 있어야 한다. 아이가 아픈데 엄마, 아빠가 보험을 제대로 모르면 정작 필요할 때 활용할 수 없다.

태아보험은 특약만 200여 가지에 달할 정도로 복잡하고 어려워 시간을 들여야 하는 분야다. 그래서 나는 태아보험을 알아보기 위해 오프라인에서 태아보험 상담을 1회 받았고, 동시에 온라인에서 태아보험을 전문으로 하는 설계사 4명에게 추가로 요청해 총 5개의 태아보험 견적서를 비교 분석했다. 이 과정에서 1차적으로 꼭 필요한 특약을 추렸고, 2차적으로 빼야 할 특약을 정리했다. 그렇게 2주간 틈틈이 공부하고, 고민하고, 필요 없는 특약을 과감히 쳐낸 후에야 비교적 만족스러운 보장으로 태아보험을 구성할 수 있었다.

태아보험은 신생아에게 발생하기 쉬운 선천성 질환, 인큐베이터 입원, 저체중아 출산 특약이 포함된 어린이보험을 말한다. 태아보험이 별도로 존재하는 것이 아니라, 태아가 엄마 뱃속에 있는 동안만 어린이보험에 '태아특약'을 붙여 태아보험이라고 부르는 것이다. 그래서 태아특약은 가입 후 단 1년만 보장된다. 이후부터는 태아특약이 사라지고 어린이보험으로 자동 전환된다.

태아특약은 임신 23주 전, 더 자세히는 22주 6일까지만 가입된다. 임신 23주가 되면 가입할 수 있는 특약에 제한이 생기거나 가입 자체가 불가하다. 또한 임신 23주 전이라 하더라도, 1차, 2차 기형아 검사에서 이상 소견이 발생했거나 임신초기 유산방지 주사를 맞았을 경우 가입이 거절될 수 있다. 이럴 경우, 1년간 보장되는 태아특약은 가입이 불가하고 출산 후 어린이보험만 가입할 수 있다.

따라서 태아보험 가입은 무조건 빠르면 빠를수록 좋다. 태아보험에 일찍 가입하든 늦게 가입하든 태아특약의 납입횟수는 12회(1년)로 같고, 태아보험 가입 후에는 태아 및 산모에게 이상 소견이 발생하더라도 보장받을 수 있기 때문이다.

태아보험은 실비보장과 종합보장 두 가지 상품을 합한 형태로 나온다. 실손보험은 100세까지, 종합보험은 30세, 80세, 100세 보장으로 설정 가능하다. 대개 복잡한 특약들은 종합보험을 얘기하는 것이고, 실비보험은 설계내용과 보험료(2만 4,000원대)가 전 보험사 대부분 비슷하다.

**내가 가입한 태아보험 상세내용**

| 실비보험 | H사 무배당 실손의료비<br>보장보험(갱신형) | 종합보험 | H사 무배당 어린이종합<br>보험 기본플랜 |
|---|---|---|---|
| 납입기간 | 1년<br>(100세까지 매년 갱신) | 납입기간 | 10년 |
| 계약기간 | 100세 만기 | 계약기간 | 30년 만기 |
| 납입보험료 | 2만 4,540원 | 납입보험료 | 5만 4,780원 |

나의 경우 태아보험 종합보장은 10년납, 30세 만기로 설정했다. 처음에는 비용을 좀 더 부담하더라도 100세 만기로 하는 것이 낫지 않을까 고민했는데, 물가상승에 따른 화폐가치를 고려했을 때 어차피 자녀의 노후까지 완벽한 설계는 불가능하다고 판단했다. 태아 때 노년에 필요한 특약을 미리 챙겨도, 자녀가 나이 들어 보상 받기엔 턱없이 부족한 금액이 될 가능성이 있어서다. 엄마의 마음으로 내 자녀가 보험에 경제적 부담을 느끼지 않도록 미리 납입해주고 싶은 마음이 굴뚝 같았지만, 자녀의 노년보다는 아이의 출산과 성장과정에서 부족함 없이 보장을 챙기는 것이 우선이라고 생각했다.

납입기간을 10년으로 한 이유는, 같은 보장이어도 납입기간이 짧을 수록 총 납입보험료가 저렴하기 때문이다. 같은 보장내역으로 태아보험을 구성했을 때, 10년 납입이 20년 납입보다 183만 원 더 저렴했다. 또한 납입기간을 줄이면 10년 뒤 아이의 학자금 마련에 더

갓 결혼한 여자의 재테크

집중할 수 있는 장점이 있다.

태아 실비보험의 경우 보험료가 2만 5,000원대로 적지 않은데, 이는 임신 출산 전후로 사고, 질병 발생 위험이 가장 크기 때문이다. 아이가 태어나면 조금씩 보험료가 줄기 시작해, 초등학교 입학할 즈음이면 보험료가 몇천 원 수준으로 내려간다. 참고로, 태아보험의 보험료는 여아보다 남아가 더 비싸다. 남아의 사고 및 질병 확률이 더 높아서다. 한 달에 몇천 원 정도 차이 난다고 보면 된다. 처음 태아보험 견적을 받을 땐 보통 남아 기준으로 산출되고 딸을 출산한 경우 보험사에 증명서를 제출하면 그간 추가 납부한 보험료를 돌려준다.

태아특약의 핵심 보장은 선천성 질환, 인큐베이터 입원, 저체중아·미숙아 출산 등으로 요약된다. 이 특약들은 임신 22주 6일까지만 가입할 수 있다.

## 임신 22주 6일까지 가입 가능한 특약

| 선천이상 수술 | 수술 1회당 200만 원 보상 |
|---|---|
| 선천이상 입원일당(1~120일) | 1일부터 1만 원 보상 |
| 저체중아 입원일당(3~60일) | 입원 3일째부터 하루 5만 원 보상 |
| 신생아 질병입원일당(4~120일) | 입원 4일째부터 하루 1만 원 보상 |

## | 꼭 필요한 특약

30년간 유지되는 어린이보험 특약 가운데 반드시 챙겨야 할 주요 특약은 다음과 같다.

| 응급실 내원진료비 | 아이를 키우다 보면 응급실에 내원할 상황이 의외로 많은데 비용이 만만치 않음. 해당 특약은 비보험 항목에 관계없이 응급실 방문 시마다 3만 원씩 지급 |
|---|---|
| 질병 후유장해 (3% 이상~) | 2018년 5월부터 질병 후유장해 보장 범위가 3% 이상으로 확대 |
| 일반 암 보장 | 암 보장 가운데 가장 범위가 넓은 특약. 특정 암 특약을 여러 개 추가하기보다 일반 암 보장을 넉넉하게 하는 것이 유리함. 일반 암 1억 4,000만 원, 고액 암 1억 7,000만 원 이상으로 설정 권장 |
| 재진단암 특약 | 횟수에 관계없이 일반 암 진단 후 2년마다 암 재발, 전이, 계속암 발생 시 보장 |
| 2대 진단 (뇌혈관질환, 심혈관질환) | 30세 이전에 발병 확률은 높지 않으나 신생아 뇌출혈 시 보장 가능 |
| 일상생활배상책임 | 일상생활 중 아이가 타인의 재물을 파손했을 때 자기부담금 20만 원을 제외하고 보장 가능(부모가 가입한 보험에 일상생활배상책임 가족형이 있다면 빼도 무방) |

| 화상진단담보 | 영유아 때는 피부층이 얇아 작은 화상에도 보험청구 사례가 많은 편 |
|---|---|
| 질병 입원일당, 상해 입원일당 | 어린 아이들은 자주 다치거나 아프기 때문에 입원치료가 많고 상급 병실을 이용하는 경우도 잦음 |

이 외에도 뇌병변장애진단, 자녀10대질병수술담보, 상해수술담보, 자동차사고 스쿨존내교통사고 담보 등이 주요 특약으로 포함된다.

## │ 불필요한 특약

필요에 따라 태아보험에서 빠져도 될 특약도 있다. 물론 보험료를 더 들여서 여러 특약을 추가하면 나쁠 것은 없겠지만 질병, 사고 발생 가능성이 희박하거나, 보험사에서 보상 받기 힘든 특약이거나, 보험료 대비 가성비가 낮은 특약들은 형편에 맞게 가감한다. 보험 전문가들이 공통적으로 언급한 특약과 직접 조사한 내용을 취합한 자료다.

| ADHD | 정신과 질환 전문의에게 ADHD로 진단받아야 보장. 청구이력이 남을 경우 추후 보험가입이 제한될 수 있음 |
|---|---|
| 중증틱장애 | 보험나이 3세부터 보장이 개시되는 특약. 2018년 새롭게 신설됐으며 중증틱장애로 진단 시 최초 1회에 한해 20만 원 지급. 단 순틱장애는 보장되지 않으며, 운동 틱과 음성 틱 모두 나타날 경우만 보장. 중증틱장애는 정신질환 가운데 하나이므로 향후 보험가입이 제한될 수 있음. 보상청구를 하지 않는 부모도 많은 편 |
| 희귀난치성 입원비 | 희귀난치성 질환으로 입원할 경우 4일째부터 입원비가 보장. 발생 확률이 적은 데다, 이미 입원비 특약으로 첫날부터 5만 원이 보장되므로 빼도 무방함 |

아내가 아닌 여자로서 경제적 자립하기

| | |
|---|---|
| 성조숙증 | 보험나이 6세부터 보장이 개시되는 특약. 여아는 남아보다 성조숙증 발생 가능성이 높지만 10세 이하의 여아에게 흔히 발생하는 질병은 아님. 해당 담보가 없더라도 실비에서 보장. 태아가 남아로 확인된 경우 제외해도 무방함 |
| 중증아토피 | 중증으로 판명 난 경우에만 보장. 보장금액은 최초 1회 30만 원 지급으로 미미한데 보험료는 1,000원이 넘어 비효율적임. 자녀가 아토피 증상을 보이면 부모는 완벽한 치료를 위해 힘쓰므로 중증까지 가는 경우가 드묾 |
| 추간판 장애수술담보 | 최근엔 수술 대신 비수술적 치료를 많이 하는 추세. 8세부터 보장이 개시되는데 수술한다 해도 30세 이전에는 발병 확률이 낮음 |
| 깁스치료담보 | 통깁스의 경우 보장 가능. 아이들은 성장판이 닫히지 않아 대개 통깁스보다는 반깁스 치료가 일반적 |
| 시청각질환수술비 | 시청각 관련 질환은 노년에 발생할 확률이 높아 30세 만기 상품에는 굳이 넣지 않아도 됨(100세 만기라면 부모의 선택) |
| 중대한 특정상해, 뇌내장 손상수술비, 심한상해수술비 | 개복, 개흉 시 보장. 이 정도의 큰 상해 발생 가능성이 적고, 발생해도 실비와 상해수술비에서 보장을 받을 수 있음 |
| 개두, 상해후유장해 (20% 이상, 50% 이상, 비탑승중, 대중교통운전중) | 이미 종합보장의 기본계약에서 '상해후유장해 3% 이상'이 보장됨. 이보다 범위가 좁은 나머지 특약들을 추가적으로 가입하는 것은 보험료 낭비. 상해 전체를 커버하는 기본계약에서 보장을 넉넉히 하고, 추가적인 후유장해들은 빼도 무방 |
| 소아백혈병, 다발성소아암 | 두 암은 일반 암에 포함되기 때문에, 범위가 넓은 일반 암 보장을 넉넉히 하고 세분화된 암은 범위를 축소하는 편이 좋음. 소아백혈병, 다발성소아암, 특정 암, 일반 암 순으로 보장범위가 넓음 |
| 추가보장을 위한 갱신형 특약들 | 갱신형 특약들은 보험료 인상의 주범 |
| 중환자실 입원비 | 의식이 없을 정도의 중대한 경우 보장 가능. 30세 전까지는 이렇게 될 확률이 낮음. 처음에 가입했다가 아이가 이상 없이 태어날 경우 빼는 것도 무방(2.5kg 미만 저체중으로 태어날 경우 보장은 가능하나, 이때 질병입원비와 신생아입원비 등으로 보장받는 것이 더 효율적) |

이 외에도 심한상해수술담보, 척추측만증, 신생아장해출생진단담보, 치아 관련 특약 등이 공통적으로 빼야 할 주요 특약으로 꼽힌다.

보험이라는 것은 만약을 대비한 보장상품이기 때문에 보험료가 싸다고 좋고, 비싸다고 나쁜 것은 아니다. 적은 확률이라도 내 아이가 해당될 수 있기 때문에 조금 더 비용을 들여 특약을 추가하거나, 반대로 과감하게 뺄 수 있다. 부모의 가치관이나 선호도, 가족력에 따라 얼마든지 구성이 달라질 수 있으므로 설계할 때 부모로서 많은 고민이 필요한 부분이다.

# 갓 엄마가 된 당신이
# 챙겨야 할 10가지 혜택

태아보험을 준비했다면 임산부가 누릴 수 있는 다양한 정부 혜택과 금융 혜택
도 꼼꼼히 살펴봐야 한다. 출산율이 사상 최저 수준으로 떨어지면서 정부의 출
산 장려정책이 활발해지고 그에 따른 지원도 늘어나는 추세다. 과거에는 가구
소득이 적거나 둘째 아이부터 적용되던 혜택이, 최근에는 대상과 범위가 넓어
지면서 임신 초기부터 챙길 수 있게 되었다. 단, 임산부라면 누구나 받을 수 있
는 혜택이 있는 반면, 출산축하금이나 출산선물 등은 지역별로 혜택이 다르다.
임신 주수가 지나면 사라지는 의료보건 혜택도 있다. 따라서 임신 초기 관련 정
보를 확인해둬야 아깝게 놓치는 일이 없다.

### 국민행복카드 국가바우처 서비스

가장 기본적인 임산부 혜택은 국민행복카드 국가바우처 서비스다. 2019년 1월

부터 임신 1회당 60만 원, 다태아의 경우 100만 원을 지원한다. 임신 기간은 물론 분만 예정일 이후 1년까지 산부인과 정기검진 및 의료비 등에 자유롭게 사용할 수 있다. 산부인과에서 건강보험 임신출산 진료비 지원 신청서를 작성하면 공단에 바우처 대상으로 자동 등록되며, 이후 지정 카드사(롯데, 삼성, 우리, KB)에 국민행복카드 발급을 신청한다. 카드 수령 후 바우처를 등록하면 즉시 사용 가능하다. 결제 시 바우처 사용을 알리면 지원금 60만 원에서 차감되는 구조다.

## 보건소 무료 검진

임산부가 가장 다양한 혜택을 받을 수 있는 곳이 지역 보건소다. 보건소는 산전검사를 비롯해 임신 초기(~12주) 엽산, 임신 중기 철분을 제공하며, 임신 16~18주 사이에는 기형아 검사, 임신 24~28주에는 임신성 당뇨 검사를 무료로 진행한다. 보건소에서 진행하는 무료 검사를 꼼꼼히 챙기고, 보건소에서 진행하지 않는 검사만 산부인과에서 추가로 진행하면 된다. 보건소에서 진행하는 부부출산교실 참가는 물론, 임산부 먼저 배지와 임산부 자동차 표지도 받을 수 있다.

## 의료비 할인

임산부 외래 본인부담률 감면 제도에 따라 임신 기간 의료비 할인도 받을 수 있다. 임산부가 국민건강보험이 적용되는 외래 진료를 받는 경우 본인부담률 20%가 감면된다. 임산부의 본인부담률은 상급종합병원 40%, 종합병원 30%, 병원 20%, 의원(한의원 포함) 10%다(입원진료와 약제비는 적용 불가). 또한 치과

진료에 대해서도 스케일링을 포함해 국민건강보험이 적용되는 진료 시 20% 할인된다.

## 아동수당 10만 원

2019년부터 만 6세 미만 아동이 있는 모든 가구에 월 10만 원의 아동수당이 지급된다. 보호자나 대리인이 아동의 주소지 주민센터를 방문하거나 복지로 홈페이지와 앱에서 신청할 수 있다. 매월 25일 아동이나 보호자의 계좌로 입금된다.

## 가정 양육수당

어린이집이나 유치원을 이용하지 않고 가정에서 양육하는 영유아에게 지원한다. 부모의 소득 수준에 관계없이 0~11개월 영유아에게 월 20만 원, 12~23개월 영유아에게 월 15만 원, 24~83개월 유아에게 월 10만 원의 수당을 준다. 출생신고 후 등록지 읍, 면, 동 주민센터나 복지로 홈페이지에서 신청할 수 있다.

## 산후도우미 서비스

전문교육을 받은 건강관리사가 출산 가정에 방문해 신생아를 보살피고 산모의 건강 회복을 도와주는 서비스다. 비용 중 일부를 국가가 부담해 가정의 경제적 부담을 덜어주는 제도다. 기존에는 산모 및 배우자의 건강보험료 본인부담금 합산액이 전국 가구 기준 중위소득 80% 이하일 때만 지원 가능했지만, 2018년부터는 중위소득 100%까지, 또는 소득에 관계없이 모든 산모 가정에 대해 산후도우미 비용을 지원하는 지역구가 늘었다. 출산(예정)일 전 40일(임신 35주) 또는 출산 후 30일 이내에 산모 및 배우자가 아이의 주민등록 주소지가 등록된 구청 보건소에서 직접 신청하면 된다.

## 출산 축하금, 선물

출산 시 지역구별로 축하금과 축하선물을 지급한다. 축하금 규모나 선물 종류는 구별로 다른데, 내가 거주하는 서울시 마포구의 경우, 첫째 아이 출산 시 축하금 10만 원을 주지만, 다른 구에서는 첫째 출산 시 축하금이 없거나 첫째부터 50만 원을 지원하는 곳도 있다.

서울시 거주자라면 임신 축하선물로 서울시 마더박스도 챙길 수 있다. 10만 원 상당의 출산용품 가운데 한 세트를 고를 수 있다. 서울시 외 시, 도에서도 출생신고 시 배냇저고리, 신생아 위생용품 등 다양한 출산선물을 제공한다. 미리 확인하면 출산용품을 중복해서 사지 않아도 돼 비용을 줄일 수 있다.

## 연말정산 자녀 세액공제

직장인이라면 출산에 따른 연말정산 혜택도 놓치지 말자. 자녀를 낳은 해당연도에는 출산공제가 적용된다. 첫째는 30만 원, 둘째는 50만 원, 셋째 이상 자녀는 70만 원을 세액공제 해준다. 여기에 자녀가 1명이면 연간 15만 원, 2명이면 30만 원, 3명 이상이면 '30만 원 + 셋째 이상 자녀 1명당 30만 원'을 중복 감면해준다(2019년부터 만 6세 이상~ 20세 미만). 또한 자녀 1인당 부양가족에 대한 기본공제(만 20세 이하) 150만 원을 소득공제 받을 수 있다. 맞벌이 부부라면 부양가족 공제는 한 명만 받을 수 있으므로 소득이 높은 배우자가 공제받는 게 유리하다.

## 자동차 보험료 할인

운전자 혹은 배우자가 임신 중인 경우, 태아·자녀할인 특약으로 자동차 보험료를 할인 받을 수 있다. 할인율과 조건은 보험사마다 조금씩 다르지만 적게는 4%에서 많게는 15%까지 할인된다. 보험사에 임신확인증을 제출하면 손쉽게 가입 가능하다.

## 출산장려 금융바우처

생애 첫 자녀명의의 적금통장이나 청약통장을 만들 때 은행권에서 금융바우처 만 원을 지급받을 수 있다. 먼저 인구보건복지협회 접속 후 홈페이지 하단의 '금융바우처 쿠폰'을 클릭한 뒤 정보를 입력한다. 발급된 쿠폰을 갖고 우리은행, 기업은행을 방문하면, 통장개설 시 만 원을 지원해준다. 두 은행 중 한 곳에서만 신청 가능하다. 두 은행과 별개로 신한은행에서도 금융바우처 발급이 가능하다. 홈페이지 접속 후 이벤트몰에서 신한 아이행복바우처를 클릭한 뒤 정보를 입력하면 쿠폰이 발급된다. 아이통장 개설 시 은행에 제시하면 만 원을 지원해준다.

# 내 생에 최고의 재테크는 결혼

"결혼하면 뭐가 제일 좋아요?" 결혼 후 종종 받는 질문이다. 결혼에 대한 환상과 두려움이 공존하는 싱글들이 호기심 어린 눈빛으로 이런 질문을 할 때면 나는 "각자의 인생에 더 집중할 수 있다"는 의외의 답을 내놓곤 한다. 이 무슨 말이냐고 반문할지 모르겠다. 두 사람이 행복해지기 위해 결혼했는데, 각자의 인생에 집중하다니.

흔히들 결혼하면 마음의 안정을 찾을 수 있어 좋다고 한다. 평생 믿고 의지할 내 편이 생겨서, 더 이상 만남과 헤어짐을 반복하지 않아도 돼서, 경제적으로 자립할 수 있어서…. 하나같이 맞는 얘기다. 확실히 결혼하고 나니 혼자 있을 때보다 덜 외롭다. 의미 없는 감정 싸움에 에너지를 소모하지 않아도 되고, 주말에는 씻지도 않고 종일 침대에서 뒹굴뒹굴하는 재미도 있다. 재수없는 상사의 뒷담화, 친구들과의 관계, 오늘 일어난 각종 에피소드를 단 한 명의 관객을 위해 쏟아낼 수 있다.

그러나 무엇보다 가장 큰 변화는 내가 꿈꾸는 삶에 한 발짝 다가섰다는 것, 동시에 경제적 자유를 이뤄나가고 있다는 점이다. 결혼 전에는 감히 상상도 할 수 없었던 일이다. 나는 결혼 후에 비로소 내 삶의 주인공이 됐음을 느낀다.

결혼 전에는 취업준비, 직장생활, 종잣돈 모으기, 연애하기 등 어느 것 하나 명확하지 않은 상황들로 인해 몸과 마음이 지쳐 있었다. 만남과 헤어짐이 반복되면서 마음은 늘 공허했고, 새로운 사람을 만날 때마다 '이 사람이 진짜 내 인연일까?' 하는 의구심에 마음을 놓지 못했다. 열심히 일해도 생각처럼 돈은 모이질 않았고, 사회생활도 결코 만만치 않았다. 외로운 타향살이에 서서히 지쳐갈 무렵 1억 원 사기를 당했을 땐, 어느 한 곳에 정착하지 못하고 겉돌았다. 내 옆에 기댈 수 있는 누군가가 있다면 좋겠다고 간절히 바랐다.

어느 것 하나 자리 잡지 못한 상황에서도 시간은 야속하게 흘렀다. 덩달아 사회에서 요구하는 미션도 하나둘 늘어났다. 스무 살 때는 스펙, 졸업 후에는 취업, 사회에 나와서는 종잣돈 모으기와 평생의 반려자를 찾는 미션이 주어졌다. 여자 나이 서른이 넘어 연애를 하지 않으면 숙제를 미루는 사람처럼 취급 받았고, 결혼을 하지 않으면 '어딘가 부족하다'는 편견에 맞서야 했다. 이러한 시선으로부터 자유롭지 못했던 나는 자발적으로 나의 꿈, 나의 커리어를 '결혼'보다 후순위로 두었다.

한 때는 유학을 가는 것이 꿈이었지만 '이렇게 훌쩍 떠나버리면 남자친구는 어쩌고, 결혼은 어떡하지?'라는 생각에 마음을 접었고, 남자친구가 없던 시절에는 퇴근 후 소개팅 대신 자기계발에 쏟는 시간도 때때로 아깝게 느껴졌다. 싱글 여성이라면 미혼이든 비혼이든, 누구나 자의반 타의반 결혼을 의식하며 산다. 더구나 비혼이 아니었던 나는 서른이 넘어가면서 더더욱 결혼과 반려자에 대해 깊은 고민을 안고 살았다.

그랬던 내가 결혼 후 참 많이 달라졌다. 인생의 여정을 함께할 동반자가 생기고, 서로의 꿈을 지지하는 후원자가 되면서 그간 내 삶에서 후순위로 밀려났던 꿈과 커리어를 본격적으로 꽃 피울 수 있게 되었다. 더 이상 만남과 헤어짐을 반복하며 에너지를 소모할 일도 없고, 언제 할지 모르는 결혼 때문에 내가 진짜 원하는 것을 늦출 필요도 없게 됐다. 내가 생각하는 인생의 4대 축은 사랑(가족), 꿈, 커리어, 경제적 자유다. 사랑의 영역에서 안정감을 찾는다는 것은, 곧 나머지 3대 축인 꿈과 커리어, 경제적 자유에 올인할 수 있다는 의미다.

일단 데이트 형태부터 달라졌다. 연애 때는 영화를 보거나 외식하는 것이 데이트의 전부였지만, 결혼 후에는 주말에 함께 부동산 임장을 다니고, 북카페에 들러 각자의 작업에 몰두하며, 시간을 내어 저자 강연회를 들으러 간다. 1년에 한 번 이상은 해외여행을 통해 재충전의 시간을 갖고, 평소엔 운동도 함께한다. 퇴근 후에는 공원을 산책하며 현재의 고민, 함께 이루고자 하는 목표에 대해서도 이야기한다. 이때 서로에게 진심 어린 조언을 해주기도 하고, 상대를 도와주기 위해 할 수 있는 무언가를 찾기도 한다.

이전보다 일도 열심히 하게 되었다. 흔히 남자들은 결혼하면 사회에서 이전보다 능력을 더 인정받는다고 한다. 가장으로서 책임감이 생겨 전보다 일을 열심히 하기 때문이다. 남편 역시 결혼 후 일의 집중도가 몰라보게 달라졌고 최근엔 회사 내 핵심 부서로 발령을 받았다. 그러나 맞벌이 부부가 절반을 차지하는 요즘, 이는 비단 남성에게만 국한된 이야기가 아니다. 결혼 후 출산과 육아로 경력단절을 경험하는 여성들도 있지만, 오히려 결혼 후 자신의 날개를 힘껏 펼치는 여성들도 적지 않다.

내 주위에는 결혼 후 공무원 시험에 합격하거나 임용고시에 붙은 지인들이 여럿 있다. 싱글 때는 그렇게 열심히 해도 매번 낙방하더니 결혼한 지 얼마 안 돼 시험에 떡 하니 붙은 것이다. 대학 동기 중 한 명은 결혼 후 공무원 시험을 준비해 2년 만에 붙었다. 특별한 재능이 있는 것도, 부유한 생활을 하는 것도 아니었는데 어떻게 이런 일이 가능했을까? 아마도 자신을 믿고 지지해주는 가족의 응원 속에서, 확고한 목표를 세우고 효율적으로 공부했기 때문이라고 생각한다. 결혼이 주는 마음의 안정감이 토대가 되었을 것이다.

나 역시 결혼 전보다 결혼 후 훨씬 많은 일을 해내고 있다. 결혼을 준비하면서 이직을 감행했고, 2년 사이 연봉을 25% 이상 올렸으며, 내 이름으로 책까지 출간했다. 강의와 방송활동, 칼럼 등 다양한 활동을 병행하며 커리어를 쌓고 있다. 옆에서 지지해주는 남편, 그리고 2배로 늘어난 가족들의 응원 덕분에 나는 힘껏 날개를 펼칠 수 있었다.

재테크라는 것이 꼭 자산을 모으고 불리는 데 한정된 개념은 아니다. 누군가의 아내, 며느리, 엄마이기 전에 한 사람으로서 나를 잃지 않고 꾸준히 성장하고 발전하는 것, 배우자가 나로 인해 꿈을 포기하지 않도록 곁에서 지지해주는 것 또한 재테크라고 생각한다. 자신의 능력과 커리어를 개발하는 것은 세상에서 가장 안전하고 수익률 높은 재테크이자, 가정의 자산 형성에도 큰 영향을 미치기 때문이다.

없던 경제관념도 생겼다. 결혼 전만 해도 돈에 큰 관심이 없던 남편이 용돈을 아껴 저축을 하고, 가성비 높은 소비를 하며, 쓰지 않는 물건을 중고로 알뜰하게 처분하는 모습을 볼 때마다 화끈하게 지갑을 열던 연애시절보다 멋있게 느껴진다. 꾸미기를 좋아해 계절별로 옷과 화장품을 사들이던 내가 이제는 책을 읽고 가계부를 쓰며 계산기를 두드린다. 외모는 그때보다 볼품이 없어졌지만, 마음은 그 누구보다 충만하다. 우리 집 자산이 차곡차곡 불어나는 기쁨, 생애 첫 내 집 마련을 하며 행복감에 젖었던 모든 추억을 함께 공유할 수 있는 평생의 반려자가 있기 때문이다.

부부에게 공동의 목표가 있다는 것, 그것을 혼자가 아닌 둘이 함께 해낸다는 것은 삶에 엄청난 변화를 가지고 온다. 우리 부부의 꿈은 자산 50억 원을 모아 경제적으로 자립하는 것이다. 이 엄청난 목표를 혼자의 힘으로 이루려고 했다면 아마 시작도 못했을 것이다. 혼자가 아닌 둘이었기 때문에 힘찬 발걸음을 내디딜 수 있었다.

비슷한 시기에 결혼했다고 해서 모든 부부가 똑같이 성장하는 것은 아니다. 결혼 후 함께 퇴근하는 재미, 늦은 밤 편안한 옷차림으로 심야 영화를 보러 가고 집에서 맥주 한 잔을 기울이는 달콤함은 신혼 때 누릴 수 있는 행복이다. 즐겨야 마땅하다. 그러나 동시에, 결혼 후 내가 이루고 싶은 꿈은 무엇인지, 얼마나 나은 사람이 되고 싶은지, 배우자의 꿈을 위해 내가 할 수 있는 일은 무엇인지 함께 고민하는 것도 그 이상의 의미가 있다.

결혼 전, 나는 대한민국의 흔한 30대 직장인에 불과했다. 그러나 결혼과 동시에 한 남자의 아내이자 한 집안의 며느리, 만삭의 예비 엄마가 되었으며, 동시에 작가이자 칼럼니스트, 방송인이 되었다. 이 모든 타이틀을 결혼 후 얻었다. 30년 넘게 따로 살아온 두 남녀가 하나가 되는 과정이 늘 순탄했던 건 아니지만, 결혼은 이 모든 것을 상쇄하고도 남을 만큼 우리 부부에게 뜨거운 추억과 성장 스토리를 만들어 주었다. 내 인생 최고의 재테크는 결혼이다. 그리고 생에 최고의 선택은 지금의 남편을 평생의 반려자로 삼은 일이다.

# 갓 결혼한 여자의 재테크

**초판 1쇄**   2019년 2월 1일
**초판 5쇄**   2022년 4월 15일

**지은이**   구채희
**펴낸이**   서정희
**마케팅**   강윤현 이진희 장하라

**펴낸곳**   매경출판(주)
. **등록**   2003년 4월 24일(No. 2-3759)
**주소**   (04557) 서울시 중구 충무로 2(필동1가) 매일경제 별관 2층 매경출판(주)
**홈페이지**   www.mkbook.co.kr
**전화**   02)2000-2633(기획편집) 02)2000-2636(마케팅) 02)2000-2606(구입 문의)
**팩스**   02)2000-2609   **이메일**   publish@mk.co.kr
**인쇄 · 제본**   (주)M-print   031)8071-0961
**ISBN**   979-11-5542-951-8(03320)

이 도서의 국립중앙도서관 출판예정도서목록(CIP)은 서지정보유통지원시스템 홈페이지(http://seoji.nl.go.kr)와
국가자료공동목록시스템(http://www.nl.go.kr/kolisnet)에서 이용하실 수 있습니다.
(CIP제어번호: CIP2019001502)